U0604545

〔美〕**约翰·鲁格** 著
John Gerard Ruggie

刘力纬 孙 捷 译

JUST
BUSINESS

MULTINATIONAL CORPORATIONS
AND HUMAN RIGHTS

正义商业

跨国企业的
全球化经营与人权

社会科学文献出版社
SOCIAL SCIENCES ACADEMIC PRESS(CHINA)

2009 年底,作为访问学者,我从北京飞到了心中向往已久的全球最权威的学术圣殿哈佛大学。冬天的波士顿白雪皑皑,空气清爽。看到雪花飘落在尖顶红墙、古朴典雅的哈佛建筑群上,我情不自禁就想起了飞雪漫天的东北家乡,不由自主就喜欢上了这个古老而又富有活力的精神之都。

带着心灵的希冀和对学术的渴求,我拜访了我的哈佛导师——肯尼迪政府学院、法学院终身教授约翰·鲁格。作为一名多年从事企业社会责任和商业伦理的青年学者,见到了全球该领域的旗帜性人物,内心的激动和紧张溢于言表。然而,这个高大俊逸、和蔼可亲的哈佛老头给了我最亲切的拥抱和最友善的关怀,让我从此开始自然愉悦地融入了哈佛大学的学术生活,让我心无顾忌地在约翰·鲁格引领下的国际前沿科研领域扬帆起航。

一年的学习生活,我强烈感受到了哈佛大学享誉世界的精神之光、哈佛教授学术研究的卓越与严谨。而最为深刻的是约翰·鲁格在哈佛课堂上生动传神的授课和悲天悯人的责任感,他的学术研究和为人师表给了我难以尽言的强大感染力和独特魅力,也让我们从此结下深厚的师生之缘。

约翰·鲁格教授,这位哈佛大学的标识性学者,首次提出了企业社会责任的全球契约,他不但是具备世界级影响力的国际关系学巨擘,而且曾任联合国助理秘书长,是一位灵活而坚毅的实干家,是一位学术理想与社会实践有效结合的思想家。在矛盾重重、利益纠葛的荆棘之地,以一种为"we peoples"谋福祉的责任与激情,撰写了《正义商业》这部巨著,为世界各国面对跨国公司的良心经营提出重要的投资考量标准。

20世纪八九十年代,工商业被自己全球化的进展震惊了——那不是一个大脑毫无羁绊的少年走入新大陆,而是一位思维已成定式的中年身陷多维空间。一方面是互联网与全球物流平台的形成,将工商业一把拽入国际化的洪流;另一方面是失效的殖民经验与痛苦的被殖民经验碰撞,由此产生的人权呼声化为阻碍全球化的逆流。工商业界在这顺流逆流形成的漩涡中,既不甘放弃全球化带来的资源和利益,又对涉入各类人权侵害感到犹疑和恐惧。

其代价是惨重的:1984年,史上最为惨烈的工业灾难在印度博帕尔发生,美资农药厂泄漏的剧毒异氰酸甲酯气体令数千人立刻死亡,数万人终身残疾,婴儿天生畸形,此后的三十年间锅炉残体仍在不断释放剧毒物质。没有任何人有能力为此事担责:印度分公司宣布破产,美方总公司只是按其股份承担相应经济赔偿,CEO潜逃回美国,美方又拒绝引渡。如果说博帕尔事件是个偶然且极端的案例,富士康的十三连跳和耐克面对的"清洁成衣运动"就是工商业人权困境的常态:奴隶薪酬、强迫劳动、安全标准形同虚设、一切以最大限度降低加工成本为唯一目的,恶劣的人权状况激怒了消费者,最终导致品牌受损。而发生在南美与非洲的"资源诅咒"则是后殖民时代难以治愈的沉疴——越是具备丰富的自然资源,越是遭受残酷的经济侵略,在缺乏完善管理的国家,自然资源最终成为施加于人民的诅咒。采掘业跨国公司一旦插手于此,往往意味着它们的生态环境将更加恶劣,经济发展将更加畸形,政府管理将更加腐败,甚至和平也从此远离——各类武装力量在各类经济实体的赞助下占矿为王,使国民基本的生命安全都无法保障。

进入 21 世纪,饱受人权问题折磨的发达国家跨国企业又迎来一批新兴市场国家的竞争者。这些国家的集团公司拥有相对充分的资金和热情,却缺乏相应的管理能力和经验。一系列新的问题产生了:对于包括中国在内,以金砖四国为代表的国家如何更融洽地开始全球化进程?他国的经营经验或某一特定地区、行业的投资经验是否具备借鉴与推广价值,是否可以普化为工商业的公平标准?人权是否已经沦为一种话语方式,成为工商业竞争中的博弈手段?

尽管工商业的全球化问题是如此迫切,解决过程却丝毫未因其紧迫性而加速。人权激进保护组织渴望通过国际立法取得立竿见影的奇效;跨国企业的母国担忧企业海外资本的安全,东道国又希望在保证主权的前提下尽量由跨国企业代行人权保障责任;各大雇主组织和工商业行会却希望制定最低标准和自愿倡议,为各大企业提供一个伸缩自如的执行空间。在多重利益相关方的干扰下,联合国的几次努力终不免折戟沉沙,直到约翰·鲁格的《正义商业》的出现。

这部书一经出版,就受到了广泛的欢迎,已经被翻译成多种语言在全球各个国家出版,作为约翰·鲁格教授的学生,我有幸承担了本书中文版的翻译工作。在翻译的过程中,约翰·鲁格教授多次与我进行越洋沟通,真心希望这部书能够为正在快速发展的强大中国提供有益的参考和启示。

在本书付梓之际,我感谢中国企业公民委员会对我本人的大力支持。中国企业公民委员会是经民政部批准并主管,目前国内唯一致力于"企业公民、社会责任"理念推广普及的公益组织,刘卫华副会长多次过问本书的翻译及出版情况,对于著作的出版给予帮助与支持。作为中国企业公民委员会的特聘专家,我和协会在学术研究和公益实践方面有着多年的合作关系,《正义商业》一书亦可以视为全球企业公民领域的代表性学术成果,该书的出版也是对中国企业公民事业的重要贡献。

感谢华北电力大学给我提供的良好的国际化学术平台。构建国际化的一流学院,是我所在的经济与管理学院的院长牛东晓教授的心愿和目标,作为教育部"长江学者"特聘教授、中国管理科学学会管理科学学术奖的获得者,他高瞻远瞩、运筹帷幄,鼓励和推荐我到国际一流大学深造,积极邀请哈佛大学肯尼迪学院和商学院教授来我校讲学。他对本书的出版给予了重要的支持,在此特别感谢。

感谢我的合作译者孙捷女士,她是中国人民大学的英语系硕士,作为国内最有才华的女性专栏作家之一,不仅有很好的英语能力,更有一流的汉语写作水平,我们的合作是一个非常愉快和相互学习提高的过程。

感谢社会科学文献出版社社会学编辑室主任童根兴以及责任编辑孙瑜博士,为了该书的出版,他们做了版权引进和书稿修订等大量重要和细致的工作,在此表示诚挚的谢意!

希望阅读本书能够激发跨国经营企业的良知,提供行之有效的公平发展途径,让我们更有信心面对更加复杂与多变的全球问题。

华北电力大学企业组织发展与社会责任研究所所长

刘力纬博士

2015年春于北京回龙观

目　录

JUST
BUSINESS

前　言

工商业与人权的渊源

历史学家回溯20世纪90年代——这场最近的企业全球化浪潮，或许会将其称为黄金时代。在短短的十年中，跨国企业茁壮成长，其数量增长与规模扩大程度前所未有。这些企业让不同的跨国经济活动圈交织融合，在同一全球战略远景下同时运作，从事并超越单纯的"国内"经济或"国与国之间"的交易范畴。于是，半数的全球交易由相关企业实体的网络"内部"交易构成，而不是依循传统，仅在国家之间保持合理距离进行"对外"交换。如果跨国公司准备充分，而且所在地的人民和国家同样准备充分，就能抓住变革进程中产生的机会，获取更大的利益。

而某些公司则没这么幸运。证据表明，许多血汗工厂甚至监禁劳工的工厂正在加工颇具声望的全球品牌；为安装石油天然气公司的设备，土著居民的社区未经足够的磋商和赔偿便被强行拆迁；食品饮料公司在其种植园中雇用年仅七岁的童工；矿业公司的安保人员被指控曾经强奸或杀害闯入者和游行示威的群众。

　　面对追求利益最大化的公司和小心翼翼维持统治特权的国家，跨国企业的行为怎么才能被规范，以防止或减轻这样的人类的代价？怎样才能强制这类公司为自己的行为埋单？全球规模运作的公司却没有得到全球层次的规范。取而代之的，是他们各自独立的组成部分受运营所在地的管辖权制约。然而，即使所在地的国家法律有禁止侵犯人权行为的条款，也不能想当然地使用，在很多案例中，国家常常无法实施条款——或因缺乏管束能力，或因惧怕管束企业会在商业竞争中于己不利，或是因为国家领导人为个人利益放弃了公众利益。

　　似乎在某种辩证力量的作用下，受到企业全球化不利影响的个人和社区开始运用人权话语表达他们的不满、反抗和期望（人权确立了世界各地每个人天赋的价值和尊严，现在，人权标准已成为个体对峙跨国企业的共同基准，用于对企业全球化给他们带来的损失进行索赔）。当然，这类努力缺乏那些跨国经营者和国家所具备的实力，乃至强权。于是呈现出这样一种结果——"规范的权力"与"强权的规范"对抗[1]，产生了一种复杂而又动态的相互作用。但是这又进一步引申出两个问题：怎样更有效地使人权准则介入政府和企业的实际操作中，以改变商业行为？更具挑战性的是，在跨国公司运作缺乏核心监控者的情况下，上述问题如何在全球层面得以培育并实现？在这些问题上，人权倡议者与全球工商业形成了僵局。作为曾经发生过此类冲突的全球重要公共舞台，联合国早在 20 世纪 70 年代便率先尝试拟定跨国公司行为守则，但没有成功[2]。

20世纪90年代后期，联合国推广与维护人权委员会分会开始起草一份条约式的公文，称作《跨国公司和其他工商企业在人权方面的责任准则》（以下简称《准则》）。2003年，他们将文本提交给了上级机构——人权委员会（也就是后来的人权理事会）审批。这份《准则》主要是试图要求企业在其影响范围内承担人权义务，义务范围与各国根据其所批准条约而接受的义务范围相同："增进、保证履行、尊重、确保尊重和保护人权"[3]。该准则引发了人权倡导团体与工商界之间巨大的分歧和争论。倡导者们强烈拥护的原因是该准则试图基于国际法将这些义务与企业直接绑定。工商界激烈反对，将其称为"人权的私有化"，认为它将本该由国家承担的义务转嫁给了企业。该提议在人权委员会中并没有争取到支持者，委员会拒绝就提议采取行动。

但是，仍有大量来自全世界不同地区的政府认为，尽管这份特定的法律文书没有被他们接受，但工商业与人权这个主题仍然需要更深入的关注。同时，面对逐步升级的人权倡导运动和法律诉讼，工商界自身也感受到：需要相对客观和权威的机构来进一步明晰其所要承担的相关人权责任。政府也认识到，无论如何，若不能发现一个共同的区域平台，一个政府间进程不大可能在这个崭新、复杂、满载政治元素的问题中实现更大的进展。因此，委员会确立了一项特殊任务：任命一位独立专家，在体现委员会对人权问题足够关注的同时，又能保持适度的职权范围——以"确认和澄清"

已有标准为主，为工商界提供最佳实践案例，确定国家监控工商企业相关人权的职责，调查和澄清那些在讨论中引起激烈争议的概念内涵，比如侵犯人权犯罪中的"企业共谋"，以及企业被赋予特殊责任期待的"企业势力范围"。为在国际层面提高该任务的可视度，委员会提请联合国秘书长的任命任务负责人，作为"人权与跨国公司和其他工商企业问题秘书长特别代表"。

于是，在 2005 年 7 月，我接到了来自时任联合国秘书长科菲·安南的电话，他邀请我接受这一岗位。早在 1997 年到 2001 年，在安南功绩卓著的第一任期中，我曾任他的战略计划助理秘书长。我当时的主要职责是协助提出发展倡议，为拓展 21 世纪的联合国视野做出预估，将联合国的关注由政府领域推向"联合国人民"——这正是他在联合国千年首脑峰会上所做的庆贺报告的题目。这一工作包括以下内容：有效结合民间社会团体和工商业协会；修订联合国的千年发展目标，确立全球的系列消除贫困标准；更多地关注普遍权力，包括推进这一理念，国家主权不该成为其政府屠杀人民的盾牌；实施多轮的体制改革。2001 年，安南获得了诺贝尔和平奖，在他诸多成绩之中，尤为值得称道的是"赋予联合国这个组织以新的生命力"。任满之后，我恢复了以往的学者生涯。

安南在电话中解释说，这个新使命需要一位了解工商业与人权问题的专家，但出于问题的政治敏感性，希望此人不代表任何主要相关利益集团，包括政府、工商界或民间社会团体，这样才能与以上各方合作。这是一个为期两年的兼职计划，我无须离开哈佛就能执行。我需要每年递交一份工作总结报告，基于报告提出一到两条议题讨论，对进一步的措施做出建议。这项任务看来有趣而又可行，于是我接受了，丝毫未意识到它会如此具有挑战性，如此令人振奋，如此意义非凡。

正如《经济学人》后来描述的那样，我很快就发现自己处于风暴中心[4]。前期两极分化的争辩仍在持续，几乎没有喘息之机，因为最主要的国际人权组织不肯接受他们已经投入甚多的《准则》倡议被终止实施。例如，美国国际特赦组织就认定《准则》"是在国际法框架中处理企业人权责任的重要步骤"。[5]国际特赦组织的秘书长还牵头发行了一本印刷精美的高光铜版纸手册，列举他们各国分会举办的全球倡议活动，以行动支持《准则》争取得到采用。遍布一百多个国家拥有一百五十多个分支机构的国际人权联合会，给我写信，声称他们在"当前关于《准则》的争论中坚持自己的核心作用……现在的问题是如何建立和进一步实施《准则》，而不是是否全部推翻另立"。[6]另外，工商业界旗帜鲜明地坚持反对意见。在一封联名信中，国际商会和国际雇主组织——最大的全球商业协会声称，我将"清晰地认识到没有建立新国际框架的需求"。[7]与之相应，他们催促我致力于确认和促进一套最佳的实践规范，能为他们提供工具去主动处理那一连串复杂的工商业与人权挑战。而当我在日内瓦一个非官方会谈中，向政府代表征询建议的时候，只得到了一个直接的回答："小心两辆火车相撞。"这可真是个不祥的开端。

现在让我们快进到 2011 年 6 月——该项目启动 6 年后，我在五大洲进行了近五十次国际磋商、大量的实地访问和试点项目，撰写了几千页调查报告。联合国人权理事会一致认可了我推进的《联合国工商业与人权指导原则》（以下简称《指导原则》），该原则还得到了所有相关利益集团的支持，尽管理事会并未提出类似要求。它同时标志着理事会，也包括它的前身委员会，第一次未经各国政府磋商而独自"通过"规范文本。《指导原则》细致地展示了一些国家与工商企业在运用深受好评的"保护、尊重与补救框架"时的步骤方法，该框架是我在 2008 年向理事会提交的。框架依靠三大支柱。

1. 国家有义务通过政策、监管和裁定提供保护，防止第三方包括工商企业侵犯人权。

2. 公司有责任尊重人权，这就意味着工商企业应当采取切实行动，避免侵犯其他人的权利，并消除它们卷入其中的负面影响。

3. 需要增加受害者获得有效司法和非司法补救的机会。

简而言之，就是：国家必须保护人权，企业必须尊重人权，受害者必须得到补救。

我的任务结束之后，理事会建立了一个跨地域的专家工作组，其主要的任务是：第一，用以监督联合国的后继行动，主要致力于推广和实施《指导原则》；第二，帮助

缺乏资金的国家和较小的公司；第三，如有需要，还要为
理事会需要采取的其他步骤提供建议。此外，《指导原则》
的核心元素还被其他的许多国际标准设定组织采用，包括
经济合作与发展组织、国际标准化组织、国际金融公司和
欧盟。一个空前的国际联盟由此产生，与众多方式相结
合，确保指导原则实施。为数众多的公司和工业协会，以
及政府宣布他们计划或已经开始依据指导原则校准他们的
实际行为。非政府组织和劳工组织开始以准则为工具开展
他们的人权倡导活动。

就这样，在相对较短的时段中，全球工商业与人权这一
待议事项从原来各执己见的争辩僵局转化为显著的趋同集
中。这既不意味着工商业与人权的挑战得以终结，也不意味
着获得了皆大欢喜的结果。但是，正如我向人权理事会提交
的最终汇报中所陈述的那样，作为发轫期结束的标志，它提
供了一个全球普遍适用的规范标准平台，为国家、工商界、
社会团体提供了权威的政策指导。

撰写这本书有两个目的，一是讲述这个故事，我们是怎
样完成工商业与人权这项特殊任务的？这个故事本身非常有
趣，因为成功取决于多方参与者对舒适地带的超越，在舒适
地带里，他们总是无法取得进步。人权拥护者们倾向选择国
际条约路线——也就是他们所谓的"强制性"方式。工商
界惯于将遵守公司所在地国家法律、采纳自愿措施、推广业
界最优实践规范三者结合起来，提出市场会驱动进程改变的
观点。对于国家而言，即使意识到行动需求，他们也会抵

触。东道国竞相争取国外投资，母国则担忧他们的企业会在
投资国外的机会中败给缺乏道德原则的竞争者，在二者分别
处于来自工商界的压力之时，采用自愿原则而非强制性手段
或为上策。

但是，有约束力的国际标准往往需要国际条约来实现，
或者在一个不断累积的缓慢过程中建立国际惯例法标准。但
领先的人权非政府组织强求建立一个包揽一切的广泛的法律
框架，不仅将公司的责任与一组特定的人权联系起来，而且
要该框架能直接将公司责任置于国际法而不是国家法律的框
架之下。暂且不说这一议题的效力和实施，这部分我放在后
面的章节细述，仅关于复杂而又颇具争议的人权主题，就需
要相当的时间完备条款、协商一致。举个例子，2007 年联
合国大会采用了一个关于土著居民权利的，但不具法律约束
力的"软法"声明，尽管该权利仅仅是商业与人权条约里
需要包括的 20 个主题之一，但是，这个条约的制定却足足
历经了 26 年的时间。至少，此类条约还需要临时性措施以
回应现在的需求。至于基于市场的解决方案——这一纯粹的
自我规范模式，在工商业与人权这样复杂的挑战中缺乏明显
的可信度，而且也很难想象最佳实践的识别体系怎样将市场
推向临界点，除非识别体系能以某种权威方式决定什么构成
了"最佳"，同时能够运用一些手段去处理不执行最佳实践
的企业。我坚信，要取得重大进展就要跳出"强制—自愿"
两分法，将两者巧妙地结合起来，去制定有效的方针措施，
能随着时代不断量变，直到获取大范围的成功——也包括立

法。这本书便讲述了我如何推进这一另类的做法，以及它产生的结果。

我写此书的第二个目的是通过讲述这个故事，使我们从中吸取更多更广的教训。跨国公司之所以会成为工商业与人权问题关注的焦点，是因为他们的视野和能量超出了有效的公共治理所能触及的范围，由此造成了对企业恶劣行为缺乏制裁和索赔的宽容环境。因此，工商业与人权问题其实是当下治理模式巨大危机的缩影：经济力量和参与者的范围和影响，与社会对他们所造成的不良后果的管理能力，两者间差距的鸿沟在不断扩大。当然，人权问题不只是古谚中所谓的"矿井中的金丝雀"①，只能预警大事不好，从地方到全球，不论私有部门还是公共部门，对人格尊严的尊重应该而且能够成为一个跨越治理鸿沟的基础。建立更为公平、关系到人权的商业，就是要发现一种方式将尊重人权整合为商业的一部分——这意味着，让它成为工商业实践的标准。但是，并不存在一个阿基米德支点能让实践标准一蹴而就，想要成功地建立标准，需要在同一规范战略框架中，识别并建立多重杠杆制衡。我相信，在其他非常复杂、极具争议的全球治理缺陷中，这个方法同样有效，例如气候变化这种既缺乏核心的命令—控制型规制，又没有工商企业提供切实可行方案的问题。

本书由五个章节组成。第一章概述了一些国际政策待议

---

① 金丝雀对瓦斯的气味极为敏感，会在微量泄漏时大声鸣叫。（译注）

事项中工商业与人权的经典案例，从反对耐克海外劳工实践的第一次全球运动，到在尼日利亚经营的壳牌石油公司。这一章还尽量广泛地描述了企业人权侵害高频发生的国家和行业有哪些特性。第二章解释了为什么在解决人权挑战时，不论强制原则还是自愿原则都造成了困境，简述了我推出的这个另类方案的概要。第三章描述了"保护，尊敬与补救框架"和《指导原则》对该框架的执行实施。第四章列举一些战略性措施，将我的任务从低调的开端——"确认和澄清"已有原则开始，逐步引向指导原则得到广泛的理解和认同，这些措施也许能对其他紧迫待解的全球治理缺陷提供同样的帮助。第五章设定了驱动工商业与人权事项的未来步骤。前言的其余部分将概述讨论的背景。

I . 经济变革

人权通常被看作一组保护个人不受国家威胁的准则和实践，将保证人民得以有尊严地生存这一需求看作政府的责任。战后的国际人权体系——各国自我约束的显著成果，就是以此概念为预设条件假定的。企业在其所在国家应该承担法律要求之外的人权责任，这一概念相当新颖，但还没有得到广泛接受。

直到 20 世纪 90 年代，工商业与人权这一议项成为一个日益突出的主题。贸易自由化，内部市场去管制化和遍及全球的私有化拓展了国家的视野，也使其深受市场冲击。保护跨国公司的权利在其进行全球化运作时大量增长，例如，制定了很多强有效的法规保护海外投资以及知识产权。联合国调查表明，在1991年到2001年的10年里，94%的国家就外国直接投资的规定进行修改，以使其更适于引资。[8]与此同时，运输与通信技术的新方式使全球化操作无缝拼接，更为高效。但保护民众与环境不受此类发展侵害的标准始终没有跟上步伐。工业化国家里的制造企业采用了一种新模式：将他们的生产源头置于低成本、监管机制较弱的海外司法管辖区。采掘企业，例如石油、天然气和矿业一向紧随已探明资源的所在地，自20世纪90年代以来，他们进入了一个更为辽阔的领域，10年之中，尤其在非洲和拉丁美洲，他们常常与抵抗他们入侵的土著居民相持，或是使东道国陷入内战或使其在其他形式的剧烈的社会冲突中受损。金融与专业服务紧随着这些主顾发展到国外。

一涉及工商业与人权，这个变革的经济格局便展现出两大特征：越来越清晰的是，很多政府没有能力或意愿去执行他们关于工商业与人权的国内法律，尽管相关法律本来就存在；对跨国公司而言，需要管控由他们自身行为或经营关系产生甚至加剧的人权伤害，他们却对此全无准备。人权倡导团体组织抵制跨国经营的宣传活动。地方团体开始运用他们巨大的实体和社会影响力驱逐跨国公司，特别是采掘企业。人权话语成为全世界深受跨国公司影响的个人和组织的专用语言，形成了一种日益盛行的讲述方式，挑战有害的公司行为。

在工商界，部分站在全球化前沿的工商企业以政策和实际行为响应，承诺进行有责任的企业行为，这种承诺发展为我们现在所了解的企业社会责任，简称 CSR。这些企业开始在其全球供应链上，或是消费性电子行业，或是服装和制鞋业，设置 CSR 部门用以监控企业工作场所标准。一种所谓的公平交易标签和其他认证将这种类似的承诺延伸到咖啡、玩具乃至林业产品。一些行业合作伙伴制定了合作倡议，有时还包括非政府组织和政府管理部门——比如金伯利进程就是阻断"冲突钻石"① 进入流通领域的著名案例。

这个时代的政治特质促使 CSR 迅速扩展。在政府大幅度解除管制和私有化的过程中，他们以推广 CSR 倡议和公私合作关系取代政府应该直接担当的职责，这未免有些过于草率。这真是托尼·布莱尔的"第三条道路"策略和比尔·克林顿所谓的"新民主"的写照，中国政府在国有企业改制和处理工人及社区的相关义务时也有类似的做法。越来越多的国家包括新兴市场国家，采用国家政策推进自愿的 CSR 实践，正如有些公司报告声称遵守社会和环境政策却很少真正实施。我是联合国全球契约的主要制定者之一，该契约 2000 年正式发布，现已成为全世界最大的 CSR 倡议，有7000 多个公司参与，在超过 50 个国家建立网络。它并没有被设定为管制工具，但是，它又不是一个由政府做出的指令

---

① 冲突钻石指那些由与国际公认的合法政府对立的部队或派别控制地区的钻石，被用来资助反对这些政府或违反安全理事会决定的军事行动。（译注）

任务。我们将其设置为一个学习论坛，用于促进人权、工作环境标准、环境和反腐等领域的社会责任实践；分享最佳实践方案和发展方式；接受参与 CSR 的新成员，从新兴市场的公司和其政府再到投资者和商学院；将 CSR 的信息传播给新的细分市场，例如主流的投资者。该契约奉行自愿原则，很多政府包括所谓的金砖四国（巴西、俄罗斯、印度和中国）都鼓励他们的企业参与。

CSR 倡议发展迅速，但关于人权的部分却少于其他社会和环境领域。同时，CSR 也表现出一些嵌入的局限：政府并不重视在弥补治理漏洞中必须行使的职能；他们就问责条款和侵犯补救方面的作用往往是微弱的；事实上，他们仅仅与那些自愿采取相关措施、自主选择参与形式和步骤的公司打交道。在我开始执行这一联合国使命时，全世界有大约 8 万个跨国公司，却只有不到 100 个公司在关注其经营所在国特定且极其多变的法律要求之外，拥有相关政策和实践以关注人权伤害风险。[9]因此，在人权倡议团体的驱动下，受损害的个人和社区团体以及其他利益攸关者强烈地希望强化国际人权体系，通过扩展该体系的范围和规定以便监控工商企业。

Ⅱ. 人权体系

人权理念简单而有力量，建立全球人权体系的行动却截然相反。简单有力的人权停留在理念领域，人人都享有"天生的尊严"和"平等且不可剥夺的权利"。这个权利的本质是：它人人应得，并非得之于他人的恩赐或裁量。因此，国际人权法律文书上采用"确认"人权这一说法，而不是创造人权。世界人权体系基于这一公理，以《世界人权宣言》为开端，在1948年的联合国大会上正式通过，作为"适用于所有国家所有人民的共同标准"[10]。

1966年，联合国通过了《两个国际人权公约》，公约生效于10年之后，宣言中很多愿景承诺变成了法律义务，所有签署的国家必须尊重公约所载的一切权利，并确保在其领土和管辖范围内的个体享有这些权利。其中B公约确定了公民权利和政治权利，例如人的生存、自由和人身安全，确保任何人在法律中得到相同的保护和公正的审判，任何人不得被加以酷刑或施以残忍的、不人道的或侮辱性的待遇；任何人不得使为奴隶，任何人不应被强迫役使；人人有权享受运动、思想和良心自由；人人享有和平集会的自由，家庭不受伤害，个人隐私不受影响；人人有讨论其国家公共事务的自由。[11]A公约确认经济、社会和文化权利，包括工作的权利，享受公正和良好的工作条件的权利，组织和参加商贸协会的权利；社会安全的权利，包括获取足够的生存、健康、教育、休息和娱乐的权利；参加文化生活，进行创作活动的权利。[12]

《宣言》和两个《公约》组成了《国际人权宪章》。为落实宪章，联合国附加了七个核心条约做出进一步详尽的说明：消除种族歧视、妇女歧视，禁止酷刑；重申儿童、移徙工人和残疾人的权利；要求对强迫失踪罪予以国家诉讼和引渡。国际劳工组织（ILO）通过了一系列公约以关注工作场所权利，再次确认条约签署国为其管辖范围内的责任承担者。国际劳工组织的《关于工作中的基本原则和权利宣言》可以视为国际公认的工作场所权利"核心中的核心"，包括结社自由和有效承认集体谈判的权利，消除一切形式的强迫或强制劳动，有效废除童工，以及消除就业与职业歧视。[13]

欧洲、非洲和美洲的人权体系各不相同。2002年，国际刑事法院的《罗马规约》正式生效。国际法院在很多情况下可以接受个人对灭绝种族罪、危害人类罪、战争罪提出起诉，例如：当缔约国国家法庭没有能力和意愿调查和起诉相关罪行时、当被告拥有缔约国的国籍时、当指控的罪行发生地是缔约国而无论被告的国籍在哪个国家时，或者当案件由联合国安理会提交到法庭时，则无须考虑任何上述标准。例如，安理会曾经这样实施过对苏丹总统奥马尔·哈桑·艾哈迈德·阿尔·巴希尔十项罪名的指控，还有赛义夫·伊斯拉姆·卡扎菲，即穆哈迈尔·卡扎菲的次子，也被提出控诉，但法庭本身无力羁押他们到海牙国际法庭受审。以上三种国际组织形成了一种新的制度联合方式——联合国和地区人权组织同国际劳工组织核心条约机构、国际刑事法庭结合起来，形成一场21世纪的"人权革命"。

尽管如此，基于联合国的人权体系既没有能力，也从未曾计划以核心的法律规范系统为目的进行设置。参与条约的开端是国家自愿而绝非被迫地通过并签署条约。并非所有国家都签署了人权条约，也不是所有签约国都履行了条约。

即使存在法律义务，体系也缺乏裁决和强制执行的能力。专家委员会（被称为条约机构）建立于缔约国接受条约的基础之上，缔约国需定期递交关于条约责任履行的报告供条约机构检视，而后条约机构根据条约实施的进行情况做出建议和评价。但是，大多数国家并不将条约机构的观点作为法源之一。另外，很多关于经济、社会和文化的权利，例如获得舒适生活水准的权利、健康的权利和受教育的权利等，都诉诸"逐步实现"，也就是说，只能在资源许可的最大程度上得以实施。这增加了如实评估的难度，尤其是在牵扯到第三方时，比如工商企业。不管怎样，实施最终要落实到具体国家，由该国的国内司法系统、政治流程和其他类似的辅助、制衡元素决定，即便他们在实际操作中存在不足，不论其他国家、国际机构或激进团体是否愿意或能够承担这些职能欠缺，都不能越俎代庖。

当涉及跨国公司业务之后，这一挑战则被进一步放大。我所说的跨国公司，是指在多于一个国家产生经营行为的公司，不论它是垂直整合公司、合资企业、企业集团、跨界生产网络、联盟、贸易公司，或是关系尚在建立中的商品或服务的离岸供应商，也不论它是上市公司、私有企业还是国有企业。

国际人权条约只能落实签署国的责任。相应地，企业要遵从企业母国和东道国的所有标准。例如，美国没有签署关于经济、社会、文化的人权公约，而中国没有签署公民权利和政治权利的公约，如此，在不同的国家存在不同的人权公约。那么跨国公司在多国经营的过程中，就得遵守不同的，有时甚至是相矛盾的人权标准。人权倡导者认为只要国际人权标准比该国法律更具人权保护性，企业就应该简单地坚持国际人权标准，但两者产生冲突时，企业的作为将很难令双方满意。有些已经取得国际认可的人权标准在东道国却被法律所禁止——例如成立工会或性别平等。没有权威的国际手段来解决这样的标准矛盾，而要求这类案例中的企业撤资似乎更是弊大于利，势必会遭到跨国公司和此类政府的反对。

只有在极少例证中，国际人权法才会直接触及公司，例如，如果他们直接触犯法律或串通有严重违法行为的团伙，发生类似种族灭绝、战争罪、酷刑、私刑杀人、强迫人员失踪或奴役行为等。即使如此，法律也只能在管辖权范围内对这类公司提起控诉。最著名的审判是美国基于《外国人侵权法令》做出的判决。这一法令在 1789 年得以通过，本来是为了抗击海盗，保护外使，保证经营行为安全。两百年后人权律师们发现这项法令可以作为外籍原告在联邦法庭提起民事诉讼的工具——开始时针对个人，后来将跨国公司作为"法人"，指控他们触犯了"美国的国家法律和条约"。优尼科案是针对大公司维权的突破性案例，缅甸居民指控总部在加利福尼亚州的优尼科石油公司（后被雪弗龙公司收购）在建设缅泰石油管道项目中，与缅甸军方共谋，进行强迫劳动、强奸、掠夺家庭财产等侵害。这一案件最终得以调节，据说赔偿了 3000 万美金。大约一百起类似的诉案将跨国公司告上美国法庭，但这个法律的法规适用性只针对自然人，能否针对法人仍由美国最高法院重新评估。

此外，非专业人士很容易得出一个印象：跨国公司切实干预自身分支的日常业务，但这个印象并不适用于现行法律原则。跨国公司以全球整合实体或"团队"进行运作，但是从法律角度讲，总公司和各个分支机构都具备独立法人资格，受制于各自独立的司法管辖权，从这个角度讲他们是彼此独立的。这意味着总公司通常不会对分支机构所犯的错误负责，即使总公司为分公司的唯一控股者，除非分支机构的日常运营由总公司直接控制，否则它只能被看作总公司的代办处。这使得任何司法管辖都极难规范跨国公司的所有行为，也使得在涉及企业的人权侵害中受害人很难得到充分的补救。

而且跨国集团公司有很多种方式影响政府。他们会以撤销投资威胁东道国。如果他们的投资因为立法或管理措施受到负面影响，他们会对东道国政府提起国际仲裁。仲裁特别小组会认定这类措施违背了国际投资协议，尽管这只是东道国在实施对境内与海外投资者并无歧视对待的国际人权责任。另外，分支机构会将其母国看作政治杠杆的可能来源，并通过母国接触国际金融机构，例如世界银行，而这些正是东道国寻求支持的主要机构。[14]跨国公司同样了解，迁移总部所在地，可以威胁母国，并能躲避国内强效的规定，比如：在加拿大上市的矿业公司多于其他国家，下院议员就此类公司海外运营实施监管做出提案，在重新设置总部这一威胁笼罩下，议会最终没有通过这一提案。[15]如此，在现存的游戏规则中，跨国公司对规制提出了挑战，其来源不是国内公司而是全球规制的缺乏导致了游戏规则难以改变。

即便如此，跨国公司还面对着政府和一般国内企业较少感受到的各种压力。在跨国公司的分布网络中，每增加一处联系，就可能多了一个为其他社会参与者们对公司品牌、业务和资源施加影响的切入点，以提升企业的社会表现，这些社会参与者包括：投资者、消费者、母国管理机构，获得跨国资助的地方社区和公民社会行动者，以及担心在海外与母国的工作场所和生活社区遭受区别人权待遇的本公司员工。简单地说，跨国公司的行为更容易受到各类经济和社会遵约机制的影响，而政府和一般国内企业受到这类影响的方式大不相同。这一经验给我们的借鉴是，后者可能还没有完全抓住通过跨国公司以推动变革的机遇。

国际法必须也必将逐步发展，用于引导和治理工商业与人权方面的事项。但试图通过谈判制定一个包罗万象的国际法框架，并使其具备法律约束力，这充其量只是个远期命题。要想走上这条发展之路，应该针对当下需求，确认并执行短期措施。还要特别注意的是：在进行长期对策推进时，应该避免过于理想化的结局设定——完美地构想，完美地执行国际法律体系，其首选应考虑制定针对此时此地的有效措施。哲学博士、诺贝尔经济学奖得主阿玛蒂亚·森指责那些仅将人权看作"试行法令"或"待成法律"[16]的观点，他将人权看作"对应为之事发出的强烈道德声明。它们需要强制性承认，也指明为之实现所要付出的努力。"[17]但他同样不认同将人权的定位限定于法律的前导或法律后果这种观念，这种方式会过度限制——森用了一个社会学术语"控制"——比法律更有效推动公众对权力形成认知的社会逻辑和过程。[18]我同意森的观点。

总之，在我开始着手联合国任务，审视全球工商业与人权的全貌时，我发现：各种讨论的争执双方各自为政，缺乏共识和清晰的标准、定义；政府和公司治理系统较为零碎、对工商业和人权管理相对薄弱；社会团体通过组织企业对抗活动提升责任意识，也有时相互合作提升公司的社会责任表现；不时出现一些法律诉讼将现有法律进行变革性运用，尽管有悖于该法规的最初意图。为了在问题最复杂的行业领域获取对这一问题更为具体的认识，我在 2006 年访问了秘鲁高地，那里发生了矿业公司与社区的冲突纠纷，而且一直延续至今。

Ⅲ. 卡哈马卡

卡哈马卡省的面积大小跟美国的罗得岛州基本相仿，位于秘鲁西北部。它本是一个农牧区，有大量的土著居民从事农业和乳业生产，又是秘鲁最重要的矿区，占国家矿业出口份额的 60%，同时也是秘鲁最贫穷的地区。在与省同名的省会首府不远，是南美洲最大的金矿——亚纳科金矿。它由总部在丹佛的纽蒙特矿业公司（仅占一半股份）和秘鲁最大的贵金属公共交易公司布埃纳文图拉矿业公司共同投资。世界银行的私营企业分支机构——国际金融公司以私营投资自然资源企业的方式持有 5% 的股份，作为促进经济发展计划的部分。

2005 年 10 月，这个金矿成为纽约时报长篇新闻调查报道的主题，还上了美国公共广播的"前线"栏目。[19] 纽蒙特公司邀请我去操作现场参观，亲眼看看他们应对危机所采取的措施。通过美国乐施会，我安排了与当地社区领导以及卡哈马卡、利马的非政府组织会面。我无意在此全面评价当时的情况，只想就亲临现场之后所见的主要要素和参与者理出一个清晰的梗概，并将在完成联合国任务时，把这一事件给我建立框架带来的启示展现给大家。

亚纳科查矿区高度从 3000 米增加到 4200 米，面积随矿业项目扩展了 1500 平方公里。[20] 矿区基建过程需要炸掉山顶，开采过程中逐步挖掘出面积大约 150 平方公里的矿坑，粉碎矿石后，用稀释的氰化物溶解再进行过滤。这一步骤可以使低品位的黄金从矿石中分离出来，再进行熔炼——30 吨甚至更多的矿石矿砂才能提炼出 1 盎司黄金——还需要消耗大量的水，排放大量的矿物质和重金属，包括汞。这些含有副产品的废水需要处理，并安全排放。

相信除了相关矿区的问题外很少有其他问题会从运营之初就引发各级社区团体的反对和抵抗：未经充分的咨询和赔偿便对矿区居民进行拆迁；缺少面向当地居民的工作机会（矿业是资本密集型产业，多数工作岗位有技术要求，而当地居民不具备这类技术或是需要经过培训才能胜任）；大量寻找工作的移民造成人口负担过剩和犯罪增加，包括城市中卖淫现象的增加；矿区周边的河流和湖泊中漂浮着大量肚皮朝天的死鱼。2000 年，一辆服务于矿业公司的卡车在超过40 公里长的公路上泄漏了 300 吨的汞，据称造成了 900 人中毒。2004 年，纽蒙特公司计划将他们的矿区扩展到附近山区——塞罗基利斯，那里对土著居民有巨大的精神象征意义，又是卡哈马卡的水源地。此事造成超过 1 万人围攻矿区，警察和特种部队燃放了催泪弹，还有人开了枪。纽蒙特公司屈服并停止了这一项目。直到我 2006 年初到达那里，公司正在探测附近另一个地点——米纳斯康佳，希望吸取亚纳科查的教训，能更好地管控与当地社区的关系。随着时间的推移，纽蒙特公司的确开发了范围较广、内容复杂的企业社会责任政策并进行了尝试。尽管如此，2011 年 11 月，康佳矿区——秘鲁历史上最大的一项单笔投资，48 亿美金的开发项目还是被搁置了，公共安全事务引发的大规模抗议成为国家和当地政治竞争中无法解决的困扰。[21]

　　在我参观的那个时期，纽蒙特缺乏一个有效的体系，以便在开发和扩展项目之前去评估项目对环境和当地社区造成的潜在不利影响，或在项目进程中咨询利益攸关者，确认伤害造成的不满，这一现象在当时的矿业公司中并不少见。紧随塞罗基利斯事件之后，亚纳科查的总经理发布了一个报告说他每天要花费 70% ~ 80% 的工作时间去处理社会问题，从我个人角度来看，他在尝试建立一个错误的体系。参观矿区时，我看到纽蒙特已经建立了污水处理设施和排放样本检测实验室，还被带去参观了一个很小但是鱼量颇多的使用再生水的鱼池。公司还去资助当地手工业的发展，包括纺织品和珠宝，帮助乡村小学输送教师，改善公路，将矿区附近城区的用电连入他们自己的电网。他们的 CSR 和社区关系团队增员多人，而且非常专业。但他们的工作方式看来主要是对外界压力做出反应，本质是临时性的。他们缺乏一种测量方式，用以评估与当地社区发生冲突的成本，或是良好建立关系的利润。而且公司的运营部门主要还是将时间支配到生产和成本目标上。很明显，公司没有得到一张强有力的"社会运营许可证"——社区对公司运行的广泛认可。而且，他们好像有意在强化这个弱点，布埃纳文图拉公司的 CEO、纽蒙特的当地投资合伙人罗克·贝纳维德斯在电视采访中公开宣称："我憎恶'社会许可证'这个词。我不理解社会许可的含义……我期待得到政府的经营许可，而从未期待得到整个社区的许可"。[22]

但以某些方面来看，政府就是问题的一部分。秘鲁早就签署了大量的联合国人权条约，但是像很多国家过去和现在一样，他们对这些条约与工商业及人权之间的关系不甚理解，独立遵照执行则更难。更为严重的是，因为毛派反政府武装和经济管理不善造成该国 20 世纪 80 年代发生驱赶外资事件。继任政府认为必须尽最大可能拓展优惠条款才能让国外投资回流。贪污和裙带资本主义是那里的地方病，其主要社会结构使生活富裕的西班牙裔秘鲁人与矿区更为贫穷的土著居民对立起来。那里缺乏有效的公共部门：据我所知，整个卡哈马卡省只有三名环境检查员，而且还是在矿业部工作。在我访问期间，政府通过了一条新规定，将一部分矿业收益返还给当地社区，但我没看到此规定得以执行的证据。多于60%的人口生活水准低于贫困线，当地缺乏基础设施，房屋破旧，教育资源匮乏。那里需要更好的公共服务，但当地政府官员们（我曾与市长会面）似乎都将这一社会压力归咎于矿业公司。确实，2012年1月秘鲁总理抱怨，大部分划拨给卡哈马卡地区的资源没有用在救济当地居民的计划上。[23]

其他政府主体也与运营有关。国际金融公司是联盟投资者，在改进社区与矿区关系方面起到一定作用。2000年的汞泄漏事件之后，合规顾问/巡查官办公室（简称 CAO）被授权处理关于国际金融公司项目的投诉，向委员会提供独立的健康调查。但根据一份报告显示，健康调查最终没有被执行，部分"因其缺乏政府部门的配合"。[24]但 CAO 推进了一个五年进程，意在"促进对话，解决公司与社区共同关注的问题"。在我访问期间，国际金融公司刚刚通过了社会与环境执行标准，要求其客户遵守，这部分是由亚纳科查这样的项目引发的，当然对于过去发生过的事件，标准只能是"既往不咎"。美国政府在20世纪90年代曾经深度参与了说服秘鲁政府的工作，上至美国政府部门的高层下至美国中央情报局驻利马的站长都参与其中，要求赋予纽蒙特矿业在亚纳科查项目里的绝对控股权。但是直到今天，美国政府仍没有相关政策用以指导和帮助美国的跨国公司管理海外运营部门在环境和人权方面的风险，也没有相关政策来建议和支持当地政府处理类似亚纳科查地区经营所造成的影响。

　　社区的反对和抵抗活动有可能是自发的。卡哈马卡有一个社区领袖，是一位名为马可·阿拉纳的前天主教神父。拥护者称他为"马可神父"，反对者叫他"红袍僧"（2010年当他成为选举候选人时被免去了神职）。他组织了一个名为GRUFIDES的非政府组织（可持续发展培训与干预小组）。2006年，在与他长时间的会晤中，我问他卡哈马卡的矿业阻路活动是怎样发展为一种固定实践模式的？他回答："当我们只有小问题的时候他们不倾听，我们只能制造个大麻烦。"2004年，在激烈的封路冲突后，正是阿拉纳通过与纽蒙特公司协商，制止了该公司在塞罗基利斯建立采矿点的计划。之后，他说自己的行动受到跟踪，生命受到威胁，并断言弗查——亚纳科查的安保公司涉入此事。[25]我通过乐施会美洲分会结识阿拉纳，乐施会在利马有一个当地分支机构，彼时正在为GRUFIDES提供资金，德国的天主教非政府组织米索尔基金会也在赞助他们。这两个组织都紧密地跟进了联合国工商业与人权的讨论，也跟进了我的任务，再加上他们为社区组织提供的行动支持，这些国际NGO组织成了沟通国际与地方的桥梁：将国际讨论中的最新进展传播给地方社区团体，同时也将地方民间团体的信息反馈给其他全球层次的相关组织。例如，2005年，乐施会安排阿拉纳参加了纽蒙特在丹佛的总公司年会，在那里他吸引了股东们和新闻媒体的注意，并与纽蒙特的CEO进行了简要的交谈。米索尔基金会更是赞助了很多代表发展中国家利益的民间团体，这些团体参与我的任务，接受我的团队的咨询。通过这些网络，民间社会参与者追踪并发现了能够影响政治和企业的核心层。

我将第二章定名为"没有银子弹"。正如我在卡哈马卡发现的那样，不存在一种单一或简单的方法能够解决如此庞大而又复杂的问题。此外，我的任务必须面对全球工商业与人权普遍问题，而秘鲁的矿业经营并不是这一领域的代表性案例。但亚科纳查毕竟给我们带来这样一种安慰——能有效地抵御企业造成的人权伤害，需要全球范围内系统性的工作，其要素主要包括：明确各自的角色和政府、企业的责任，以及这些责任如何履行；那些由于公司行为受到人权伤害的人能够最大程度上得到有效的补救；与其他社会参与角色——例如民间团体、劳工组织、投资方和消费者——一起确定可以共同接受的明确标准。与项目开始时那些国际公司的偏好相反，这需要开发一个颇具权威的国际框架，将其作为不同参与者的共同平台。但是，与一些主要的国际人权组织所表达的愿景相反，这很难通过某些单独的包揽一切的国际法律文书轻而易举地实现。

Ⅳ. 有原则的实用主义

要成功地扩展国际人权体系并使之覆盖跨国公司，就必须要运用、调动所有能影响公司行为的逻辑依据和组织工具。因此，在开始时我就非常清楚应该遵循我所说的"有原则的实用主义"这一原则:"承诺遵循促进和保护涉及工商业的人权的原则,并与实用主义相结合,让它在最重要的领域(人民的日常生活)产生最关键的变化。"[26]哥伦比亚大学的历史学家塞缪·摩恩敏锐地洞察到"人权并不那么像一个需要保护的遗产或一个需要再造的发明",这一观点尤其适应于工商业与人权这个语境。[27]我设想了一个通过广泛尝试得以渐进改变的模式。但是这些尝试与努力需要彼此协调,相互强化。实现这一目标就要求具备一个权威焦点令所有相关参与者能团结在其周围。那么,提供这个焦点,就成为我的战略性目标。

制定《指导原则》成为这一任务的最终成果,它本身也遵守若干指导原则,我在此仅作简要的介绍,在后面的章节中再进行详细的说明。在卡哈马卡案例中我们很清楚地认识到,治理跨国公司最基本的原则是确认和建立核心功能。三个不同的治理系统影响着他们关于人权的行为:公共系统的法律和政策;公民治理系统,包括外来的股份持有者或感兴趣的跨国经营者;公司治理,这是对另外两个系统要素的内化。在学术性文献中,这种全球经济的协作化特征被描述为多中心治理。[28]每个治理系统都由各自复杂的集群组成。公共法律与政策系统针对企业行为制定正式法规,在两个层面运行:个体国家层面,包括跨国公司的母国和东道国;国际层面,指各国集体采取行动或国际协会的运作。表达着社会对公司行为预期的公民治理系统,在东道国和母国执行,现在也越来越多地进行了跨国连接。公司管理也包括两个方面：一是这些公司在全球化运营企业时具有整体的战略视野、制度设计和管理体系，包括公司范围的风险管理；二是这些公司的总部与各分支机构具备独立法人资格，他们用这种方式分割资产，限制义务范围。为更好地抵御个体和社区遭受大公司的人权伤害，需要将以上每个治理系统调动起来，推向同一个方向。

为促进这种能动性，《指导原则》利用两种不同的话语，以反映在管理企业行为时这些治理系统各自扮演的社会角色。对于国家，主要聚焦于法律义务，他们所遵从的国际人权体系可以为这些义务提供始终一致的政策依据。对于公司，除了承担因国家不同而在适用原则和强制执行方面千差万别的法律规定义务之外，这个框架的中心是如何通过有效的人权尽职尽责和其他纠纷解决机制来管理卷入不利人权影响的风险。对于那些因为企业行为而人权受损的民众，民间社会团体与《指导原则》构成了一个进一步授权的基础，主要通过与工商企业确立约定条款以及提供权威的基准线作为判断政府与企业的行为或政府与企业相互判断的标准。在人权领域，这种不合常规的构想最初极具争议，促使我提出它的原因是，它不完全是"权利本位"的。在我们的坚持下一切变得更加清楚，这一步的作用超越了其他步骤，并最终导致了《指导原则》的成功。

再者，人权倡导组织和律师们将他们的努力集中在企业导致人权侵害之后将其移交司法系统之上，期待以此震慑未来的侵犯。《指导原则》也建议加强司法补救。但是我希望直接通过扩展预防使等式平衡：确认并发展针对国家和企业的授权型规范，同样可以避免，至少可以减少企业人权伤害的发生率。我这么做有两个原因：一是阿拉纳神父提及，也是我在随后调查中确认的，很多例子证明那些较大的企业人权危机都是由较小的被企业忽略的不满逐步升级所致，越早控制越好。二是，预防措施更容易实施——在时间期限、资源需求和战胜政治阻力方面都优于司法系统的建立和修订。

最终，我要不惜一切代价避免我的任务陷入漫长的或是不断偏移主题的政府间磋商，因为，依据我的判断，这只能毫无结果，甚至可能产生反作用。将工商业与人权的参数和范围锁定为权威政策方式非常重要，这样既可以立刻投入使用，也方便建立未来进程。因此，我在《指导原则》中很注意以现有国家和商业领域标准内涵作为强制性元素，尽量用各参与者的利益和价值为它提供政策逻辑依据；除了人权理事会的认同，我也在试图使《指导原则》的核心要素成为能被其他权威性和责任感并重的实体所接受的政策要求。简言之，我希望建立一个有政治权威性的方案，而不是一个具有法律约束性的文书。我在 2007 年的法律期刊上发表了一篇总结该任务的文章，文中声明我的期待是法律发展能紧随这个成果，作为"精密工具"运用于特殊事件，在这一方面我已经获得了国际上的一致认同。[29]正如我们所看到的那样，这一切已经开始了。

Ⅴ. 联合国任务

要解释我任务执行的制度和程序情况，需要再加一段引言。简单地说，除了说服力，我没有任何特殊能量，而事实上，除了能自给自足，我没有任何物质资源去执行这个任务。借用我在肯尼迪学院的同事约瑟夫·奈那句大名鼎鼎的流行语，这是形式最软的"软实力"。[30]

联合国人权理事会任命独立专家去检查特殊国家状况或某个专题被称作"特殊程序"，我的任务属于后一类范畴。根据官方描述，专题任务的方向是"全球性人权侵犯的主要现象"，后续写到"特殊程序的项目承担者利用个人能力服务，他们的工作不接受薪酬或其他财政补偿"。它没有提到的部分是：除了极其有限的人员支持和最低的差旅津贴，人权理事会没有为实施项目提供任何的资源。我在人权事务高级专员办事处开始了工作，还得到了三张从波士顿——我的家到日内瓦的往返机票，那里是人权理事会和高级专员办事处的所在地。接着我召集了一个杰出而专业的团队进行调查，控制进程，这个团队包括律师、政策分析家、一名MBA和两位利用他们在外交部的休假时间参与工作的外交官。我们同一个来自很多国家的志愿者网络合作，二十多个律师事务所无偿为我们的调查提供协助，在全世界进行了广泛的咨询。我不认为这个任务仅仅是调查和拟定草案，它是一场全球运动，重建了陷入僵局的政策讨论，建立了全球标准和权威的政策指导。很多政府以自愿捐助的形式为这一活动建立了基金，将之作为肯尼迪政治学院的研究捐款，帮助这个项目得以完成。在第四章中，我将详述如何利用和扩充这个软实力资源基础去完成任务目标。

这些任务是联合国人权理事会（前期由人权委员会）决议创立的。理事会由 47 个联合国成员组成，根据地区公平原则进行选举，任期三年；其他国家可以观察员身份参与活动，但没有投票权。决议必须由理事国成员作为发起人。英国负责提请创立任务另外四个核心发起人协同工作：阿根廷、印度、尼日利亚和俄罗斯联邦。这个跨区域的组织——五个核心发起人分别来自五个洲域（非洲、亚洲、东欧、拉丁美洲及加勒比地区、西欧及其他地区）——反映出该任务的重点是跨越南北与东西之间的政治分歧，在这一领域取得进展是非常必要的。2006 年，挪威接过了领导权，理事会取代了委员会。

我的正式职责是每年向理事会递交年报供其研究，也供联合国大会参考。报告以书面形式提交，再对各自的机构提交一次简要的口头汇报。这个口头汇报一般紧跟"互动对话"——代表团会做出声明并提出问题，项目负责人有简短的机会回答。在人权理事会的会议上，获授权的非国家观察员，包括国际组织、非政府组织和商业协会都有机会发言。理事会就项目负责人的建议做出推荐，正式回复仍以决议的方式，由代表团磋商而出。

我的任务分为三个阶段渐次展开，后增的两项任务都不是事先预定的——每一次延续都需要理事会的重新任命。第一个阶段从 2005 年到 2007 年，作为"确认与澄清"阶段。理事会称赞我的工作在危急关头为这一问题提供了更好的理解，并邀请我延期一年，为如何最好地改善议项提出建议。在 2008 年我仅提出一个建议：人权理事会支持了我在年报中详述的"保护、尊重与补救框架"，在这一假设中，最紧急的需求不是项目的购买清单，而是一个能够思考和行动的基础。理事会一直"欢迎"该框架，并将我的任务再一次延期三年，要求我"落实"该框架：就其实施提出具体而切实的建议。这就是我在 2011 年提出的《指导原则》，包括 31 条原则，每一条都附有评论意见，详尽解释它的意义和影响。人权理事会再一次毫无争议地通过了《指导原则》。那时，我已经到达了项目负责人任期的最长极限——6 年，理事会便任命了其他专家工作组去监控下一个阶段。

这是一个不寻常的改善全球人权保护的方式，但它讲明了政府如何利用他们的智慧去建立这一进程，并从中获益。当我正式向人权理事会提交《指导原则》并申请通过时，阿尔及利亚大使发言说政府不会通过未经他们磋商的案文，他建议将《指导原则》呈递到政府间磋商步骤以期"进一步观察和充实"——这是砍掉项目时典型的外交说辞。我以一种反常的激情回应道，我已经老朽到曾经目睹这种反复努力的失败，那是 20 世纪 70 年代，政府就联合国的跨国公司行为准则进行磋商，据我所知那位大使在他职业生涯早年就曾参与过此事。但一切都失败了，因为政府很难达成一致，因此我转而提醒理事会。我说："如果矛盾错综复杂，利益彼此冲突，你们具备的条件是无须与自己磋商。"所有的利益相关组织都支持它，我渴望抓住这个机会令理事会通过它，推进它。理事会最终如我所愿。

随后的章节里，我会详细地讲述这一切是为何发生以及如何发生，开头是很详细的案例介绍和工商业与人权问题的全部模式，起初正是这些问题使工商业与人权成为一个全球领域的议项。

我将用一篇告解录结束这篇前言。在项目开始之初，我面前一个最难解的谜题便是存在感。我的任务是确认一些方法能迫使工商企业处理他们在人权方面的不利影响，特别是在那些缺乏能力或缺乏意愿管理大型跨国企业的国家。但是我的身份是什么？我是人权倡议者或外交官么？是我一直以来的身份——独立学者？还是一个在企业与对抗民众之间的中间人？谁是我的同盟，谁可能是我的对手？什么方法能使我战胜那些可预见的干扰，甚至能将其中一二扭转为有利因素？现实中，并没有路线图或使用手册来指引我。

在早期的咨询会中，我将拉丁美洲的土著居民团体领袖召集在一起。我请他们简要地告诉我什么是最令他们感到困扰的问题，然后向他们介绍了一个试行性计划，那是我为完成任务所即将采用的方法。会议结束时，一位穿着传统民族服饰的参与者将我带到一边。她感谢我将他们集中在一起，倾听他们最关注的事。接着她补充道："但是，你所说的大多来自你的大脑，却没有充分运用你的心灵。如果想成功，你必须让你的心说话。"我花了几秒钟才做出反应。但当我回应过后，我的存在感危机消除了。这种感觉可以诠释为："我会用我的心驱动我对人权的承诺，但我会用我的大脑去驾驭我的心，驶过这片荆棘之地，完成我们的旅程。"这也是我写作本书的精神之所在。

注 释

1. 这个短语借用自 Thomas Risse 的《规范的力量对抗霸权的规范：跨国民间团体与人权》一文，原文发表于 Ann M. Florini 编辑的 *The Third Force：The Rise of Transnational Civil Society* 一书中（Washington，DC：Carnegie Endowment，2000）。

2. Tagi Sagafi-nejad, *The UN and Transnational Corporations：From Code of Conduct to Global Compact*（Bloomington：Indiana University Press，2008）.

3. "Draft Norms on the Responsibilities of Transnational Corporations and Other Business Enterprises with Regard to Human Rights," UN DocumentE/CN. 4/Sub. 2/2003/12/Rev. 2（2003）.

4. "Doing the Wrong Thing：Human-Rights Activists Fall out Over How to Deal with Companies," *The Economist*, October 27, 2007.

5. 作者声明存档。

6. "国际人权联合会欢迎与联合国秘书长特别代表就人权与跨国企业问题进行对话"，2005 年 9 月 15 日（作者信件存档）。

7. Guy Sebban 与 Antonio Penalosa，"国际雇主组织—国际商会就联合国特别代表关于'工商业与人权'任务所持的初始观点"，

2005 年 10 月 14 日（作者信件存档）。

8. UNCTAD, *World Investment Report* 2002（New York: UNCTAD, 2002），p. 7.

9. 总部设于伦敦的商业与人权资源中心跟踪了解公司的人权政策，http://www. business – humanrights. org。

10. http://www. un. org/en/documents/udhr/.

11. http://www. hrweb. org/legal/cpr. html.

12. http://www2. ohchr. org/english/law/cescr. htm.

13. http://www. ilo. org/declaration/thedeclaration/textdeclaration/lang—en/index. htm.

14. 大量的实证研究见 L. T. Wells and Rafiq Ahmed, *Making Foreign Investment Safe*（New York: Oxford University Press, 2007）。

15. Liezel Hill, "Canadian Lawmakers Vote Down Controversial BillC – 300," http://www. miningweekly. com/article/canadian-mps-vote-against-bill-c-300-2010-10-28.

16. Amartya Sen, "Human Rights and the Limits of the Law," *Cardozo Law Review* 27, no. 6（2006）.

17. Amartya Sen, *The Idea of Justice*（Cambridge, MA: Harvard University Press, 2009），pp. 357 – 358.

18. Amartya Sen, "Elements of a Theory of Human Rights," *Philosophy and Public Affairs*, 32（Autumn, 2004），p. 319.

19. Jane Perlezand Lowell Bergman, "Tangled Strandsin Fightover Peru Gold Mine," *New York Times*, October 25, 2005.

20. http://www. infomine. com/minesite/minesite. asp? site = yanacocha.

21. Omar Mariluz, "Peru Protesters Dig in Heels After Newmont Mine

Halted," http://www. reuters. com/article/2011/11/30/peru-new mont-conga-idUSL4E7MU10820111130, story filed on November 30, 2011.

22. http：//www. pbs. org/frontlineworld/stories/peru404/.

23. "Peru Prime Minister：Stalled Conga Mine's Review to Focus on Water," *Dow Jones Newswires*, January24, 2012.

24. 参见《首席行政官退出报告》，"首席行政官关于秘鲁卡哈马卡省亚纳科查金矿两个投诉的存档"，国际金融公司，多边投资担保机构顾问/巡视官合规办公室，第3页。

25. Angel Paez, "UN Mission Probes Private Security," IPS News, February7, 2007, http：//ipsnews. net/news. asp？idnews＝36478.

26. *Interim Report of the Special Representative of the Secretary-General on the Issue of Human Rights and Transnational Corporations and Other Business Enterprises*, UN DocumentE/CN. 4/2006/97（February22, 2006）.

27. Samuel Moyn, *The Last Utopia*：*Human Rights in History*（Cambridge, MA：Belknap Press, 2010）, p. 9.

28. 与我们主题相关的讨论在此：Larry Catá Backer 的文章 "From Institutional Misalignments to Socially Sustainable Governance：The Guiding Principles for the Implementation of the United Nations' 'Protect, Respect and Remedy' Framework and the Construction of Inter-Systemic Governance"，电子副本见于 http：// ssrn. com/ abstract＝1922953；以及 Kenneth W. Abbott 与 Duncan Snidal 联名发表的文章 "Strengthening International Regulation Through Transnational New Governance：Overcoming the Orchestra-

tion Deficit",发表于 *Vanderbilt Journal of Transnational Law* 42
(March, 2009)。还有本书作者 John Gerard Ruggie 的 "Recon-
stituting the Global Public Domain: Issues, Actors, and Proces-
ses",发表于 *European Journal of International Relations* 10(De-
cember, 2004)。

29. John Gerard Ruggie, "Business and Human Rights: The Evolving
International Agenda," *American Journal of International Law* 101
(October, 2007).

30. Joseph S. Nye, *The Future of Power* (New York: Perseus Books,
2011).

JUST
BUSINESS

第一章

挑　战

2010 年中，纽约时报报道了一连串的工人自杀事件，发生在位于中国深圳的富士康科技集团。[1]文中包括各种关于工作环境和实务操作上的虐待控诉：生产线上雇用未成年员工、因严重的健康和安全风险导致了致死性工业事故、员工的加班记录被篡改，以及有毒废料未经妥善处理。富士康是世界上最大的电子元件代工供货商。这个集团生产的产品中包括苹果出品的 iPhone 和 iPad。这个报道令苹果产品的爱好者震惊，但更令人吃惊的是，苹果长期以来是如何成功躲避了来自国际方面的检查和责难？他们既没有向主要供应商强调这些方面的问题，而且作为购买商，对供应商出现这样的问题也理应负有一定的责任，就像当前任 CEO 史蒂文·乔布斯忽然决定在距离新一代 iPhone 上市日期只有一个多月的时候还要修改屏幕设计，由此要求这条生产线追上其他供货商的时间表，如果不违背本来就很脆弱的工作场所标准，工厂就不可能完成任务。[2]一直到 2012 年 2 月，苹果公司才宣布允许第三方——公平劳工协会（简称 FLA）去调查他们在中国的供货机构。FLA 是一个总部设在华盛顿的非营利组织，自 1999 年以来一直对高端消费品牌进行监督查厂。

牵连跨国公司的人权侵害事件没有广泛权威的全球信息库，我们可以凭直觉通过各类传闻猜测出这类问题在 20 世纪 90 年代大量增加。这一问题部分是因为惊人的数量扩张：大批的公司开始在遍布世界的更多个国家运营，不同的社会政治环境给跨国公司的领导带来了从未有过的挑战。而且，对许多公司而言，实现全球化意味着要采用基于网络的运营模式，它包括多层公司实体和遍及多个国家的不同形式的公司关系。网络，基于它们的本质，就会使公司对某些关键运营环节丧失一定程度的控制能力，用层级管理取代协商关系。尽管这种形式上的延展可能会提高整个企业的经济效率，但是，这会给公司管理全球价值链时构成挑战，即一套完整的生产或服务系列活动能将他们的概念设想得以落实。随着价值链上连接点的数量不断增加，全球化的企业越来越容易因为链上的某一个连接而受到整体性伤害。

如此，和公司职员的渎职行为或错误判断不同的是，这种结构上的转变，如果任其自处，就会增加公司违反规范的可能性，即公司的言行或其他表现与现行的社会规范或者他们自己的公司准则相抵触，甚至在某些案例中与法律相违背。工商业与人权所带来的挑战的核心是建立公共、民间和公司治理政策去减少这种倾向，当伤害一旦发生时能尽快补救。进行此类尝试的第一步是对问题本身进行系统性的展示。

在接下来的章节中，我描述了几个典型性案例，它们已经成了一系列涉企人权问题的象征，通过梳理这些案例能展示出关于全球化和治理中有关人权方面的关键点，我会提供企业涉嫌人权虐待的主要模式和相关要素，以此扩展和深化大家对这一问题的理解。

Ⅰ. 象征性案例

Nike

在 2004 年《哈佛商业评论》的一篇文章中，AccountAbility 研究院的 CEO 西蒙·扎迪克（Simon Zadek），一位领先的咨询顾问，这样形容耐克：一个被高估的运动鞋与运动衣品牌，作为"进步实践的领导者"，印证了五步进程在"企业负责之路"上取得的胜利成果。[3] 但 Nike 并非一直如此，仅仅在几年前，它还被批评为全球向下竞争的典型代表，主要就是由于公司全球化出了问题。

耐克是第一批将生产环节完全外包的制造业公司之一：它从 20 世纪 70 年代开始进行外包生产，最初在日本，80 年代早期转移到韩国和中国台湾，当成本压力逐渐增大后，那些令人信任的韩国与中国台湾供货商企业主将他们的分厂建立到整个亚洲，特别是中国大陆和印度尼西亚。到 1990 年，耐克的海外供货工厂雇用了超过 24000 名工人，在所有商品中仅鞋子的产量就超过 600 万双。[4]20 世纪 90 年代早期，耐克开始在印尼遭遇了严重的问题，美国劳工权利活动家们在当地机构的帮助下对工人进行采访，发表简讯，为之后的生产守则运动奠定了基础。最初，根据 CBS 新闻报道中的工人采访，他们的问题只集中于低薪酬和恶劣的工作环境——每小时薪酬仅 19 美分，与此同时篮球巨星迈克尔·乔丹的产品代言费为 2000 万美金。[5]工人还抱怨他们不能自由离开工厂，即使在周日，离开时还是要得到管理方的许可函。当一张 12 岁的巴基斯坦男孩缝制耐克足球的照片发表在《生活》杂志上时，在耐克详尽的恶行列表上又添加了"雇用童工"这一条[6]。在后来的 10 年中，耐克的越南供应商还被发现使用了含有可能引起呼吸系统疾病的化学物质的黏合剂，使用的剂量甚至超过了本已非常宽松的越南生产标准[7]。

20 世纪 90 年代的整个 10 年中，耐克陷入一场环环相扣的负面宣传风暴。[8]在几家印尼的工厂发生了大罢工；工会组织的暑期实习生项目教育美国大学生如何与大型企业抗争，因此学生们组建了一个全国联盟，对校园市场销售和体育队的服装时刻保持防范，以避免使用耐克或同源的其他产品；美国 28 个州和 12 个国家共同发起了"国际抵制耐克日"；还有出现在《杜恩斯比利》讽刺连环漫画、迈克·摩尔的纪录片中 Nike 那些不光彩的角色；CBS 公司两期的《西雅图之战》节目，都在介绍国际商会举行 1999 年部长级会议时发生的示威游行；在被视为反全球化运动的圣经——娜奥米·克莱恩的 *No Logo*① 一书中，对此也有所提及。[9]

---

① 此书已在中国出版，中文书名为《NO LOGO：颠覆全球品牌统治》。

随着公司声誉和股票价格的急跌，公司的创始人和CEO菲儿·奈特在1998年华盛顿美国国家记者俱乐部的讲话中承认："耐克产品已经成为奴隶薪酬、强迫超时劳动和任意虐待的同义词，我确实相信美国消费者不愿购买在虐待状况中制造的产品。"[10]耐克开始成为联合国全球契约的创始会员，这是一个多方利益相关者论坛，致力于促进良好的企业实践。在2000年的联合国秘书长就职新闻发布会上，一名记者问科菲·安南，如果他与菲儿·奈特出现在同一舞台上是否相当于"与魔鬼共进晚餐"？安南机敏地回应：天使并不需要我们的帮助。活动组织者们并没有就此罢休。在耐克如扎迪克所言的"在正确的路上迈出第一步"之后，他们的工作场所报告表现出良性进展。但一位加利福尼亚居民依然提起诉讼，宣称该报道触犯了该州"禁止虚假和误导消费者的广告"这一法令。耐克声称那篇报道完全基于自由言论，因此得到了第一修正案的保护。加利福尼亚最高法院判决成"商业言论"，美国最高法院对这一案件押后审理，没有做出裁决。这一步耐克终于站稳了。[11]

和很多陷入相同处境的公司一样，耐克起初也用那套一贯说辞对应连珠炮般的指责，大意是："这个问题与我们无关。那不是我们的工厂，我们与代工厂没有股权关系，只是购买他们的生产服务。"按严格的法律定义来说，耐克方面所言是正确的，但是他们错在认为有这个法律角度的推托之词就已足够。跨国的相关社会参与者聚集于耐克的全球供应链周边，发生在代工厂的虐待状况直接联系到耐克在国内市场的受众，这一切都将胁迫品牌分担这些问题的责任。目前，生产全部外包的全球品牌数量已远远超过耐克开始做外包的时候，而且，远远超过那些"虚体企业"，分布广泛而又复杂的供应链在现在的全球经济系统中无所不在，遍及每一种产业，每一个大洲。其中多数企业学会了管理供应链涉及的人权问题，耐克成为这一变革进程中著名的革新者[12]。但是更清晰的核心问题是谁为什么负责，负多少责任，以及最有效的解决政策和法律纠纷的方式。

博帕尔

1984年12月3日凌晨，位于印度博帕尔市的美国联合碳化物公司印度分公司的农药厂泄漏大量的剧毒异氰酸甲酯气体，酿成了历史上最惨烈的工业灾难。《新闻周刊》这样描述灾难之后的那个早晨："看来像是中子弹爆炸。建筑没有损毁，但人和牲畜的尸体像垃圾一般丢弃在洼地上，让多山的博帕尔变成了一座尸体之城。"[13]数千名居住在工厂附近贫民区的人立即死亡，在随后的每星期、每个月、每年都有人因为后遗症死亡。数万人终身残疾，新生儿天生畸形。度过了四分之一个世纪之后，事件还未结束。直到2008年3月，一群幸存者和支持者从博帕尔步行800公里到德里，在总理官邸前静坐示威，其余人在官邸门前形成人墙，为曾经许诺的健康护理、安全饮用水和其他形式的社会和环境保障而斗争。[14]在这一问题上，这场悲剧所有的诉讼在美印两国的国家与联邦逐次展开，1989年裁定美国联合碳化物集团（UC），以及印度联合碳化物公司（UCIL）赔偿4.7亿美元，允许政府用17

年的时间分期全部支付[15]，印度政府表示赞同。受害者认为赔偿不足，这一结果代表了政府"向跨国资本投降"[16]。

与耐克案例不同，这次对责任的归属问题谁都没有异议：联合碳化物公司需负全责。但是，谁是确切的联合碳化物公司？美国母公司只占 UCIL50% 的股份，印度政府和私人投资者占有其余部分；股票交易在加尔各答交易所。UCIL 的运营方式更像一个独立的子公司。根据印度政府的政策，管理层和工人几乎都是印度国籍，印度法院对 UCIL 具有司法管辖权。灾难发生后数日内，印度政府轻率地指控 UCIL 的罪行，并没收了其资产。[17]

手持授权书的美国律师大约在同一时间抵达博帕尔，很快在美国法院代表博帕尔受害者对母公司美国联合碳化物公司提起 145 例诉讼，索赔总额高达 200 亿美金。[18]1985 年 4 月，印度政府也在美国联邦法院对 UC 和 UCIL 提起诉讼，索赔总额未详细说明。[19]为什么对母公司提起诉讼？一个原因是即使分公司与母公司各自独立，母公司仍然可能有错误。例如，他们声称在 UCIL 创立之前，工厂最初的设计就存在缺陷，安全特性低于美国类似的工厂。另一个原因是与子公司相比，母公司的钱包更鼓，在发生灾难那年，UCIL 及其在印度的 14 个分厂联合年收益仅为 2 亿美金。但是，为什么在美国法院提起诉讼？因为一个简单的事实：东道国的法院对总部设于其他国家的母公司没有司法管辖权，仅能管辖本地运营的分公司。

所有在美起诉的诉讼案件被合并为一在南纽约地区法庭审理（这些诉讼是习惯法民事侵权案件，外国人侵权法令当时还不涉及公司领域）。美国联合碳化物公司提出异议说原告并不隶属于美国法院，因此，这一案件应依据不方便法院原则不予受理，它的要义是：这个法院不适合审理这个特殊案件，该案件应该在印度自己的法庭受理。首席法官同意此观点，并在声明中添加了大量无意义的修辞："印度司法系统将夺回这一机会，昂首立于世界，代表他的人民做出判决，从以往印度屈从与被征服的历史中觉醒"。[20]印度政府并不这样看待此事，他们提起了上诉，但美国联邦上诉法院基于以下两点维持原判：[21]第一，该案件更便于在印度审理，目击证人在那里，其中多数人不会说英语，大部分相关文件用印地语书写，由此"相较美国，印度具备更大的便利获取证据"。第二，据法院判断，美国 UC 与印度 UCIL 之间的关系始终保持公司间的合适商业距离，尽管总公司负责最初设计，但 UCIL 的工程师对其进行了大量修改。

花费二十六年时间之后，UCIL 的前高级管理层成员终于在一个印度法院中被宣判：他们被处以两年有期徒刑和相当于 2100 美金的罚款。[22]沃伦·安德森，美国联合碳化物公司的 CEO，因为缺席听证会被博帕尔法院宣判为潜逃者，法院随后对其发出逮捕令，但美国拒绝引渡沃伦·安德森。或许因为博帕尔案件的影响，一些国家的原告方开始寻找不同的方式令总公司为其分支机构的行为承担法律责任。不久之后，他们发现了《外国人侵权法令》。

壳牌在尼日利亚

现在有大量的文献解释"富饶悖论"或"资源诅咒"，

它是指在缺乏完善管理的国家，丰富的自然资源最终反而成为该国人民的噩梦。[23] 包括矿业、石油和天然气在内的采掘业跨国公司常常有意无意地在这类不良动态中扮演关键角色。而荷兰皇家壳牌则史无前例地吸引众多关注，对工商业与人权这一议题产生了难以估量的影响。在尼日利亚河流州的奥格尼是一个 1000 平方公里，常住人口 50 万的部落区域，壳牌自 20 世纪 50 年代起在那里开始开采石油。

尼日利亚是世界上最大的石油生产国之一。石油是这个国家唯一的也是最大的收入、对外贸易和 GDP 的来源。早在 20 世纪 70 年代，尼日利亚就将石油工业收归国有，并计划引入外国公司的风险投资，以子公司的形式进行运营。尼日利亚国家在这一运营中所获得的收益只占整个石油收益的一小部分。尽管这一比例在该国 1999 年的构成中上升至 13%，但独立调查者们认定这远远少于这个地区和人民在此项目中所受的不利影响。[24] 公共基金被政府滥用，各阶层都在公开盗窃贪腐，制造损失。人权观察在报告中引用了一个河流州当地老师的话，因为学生没有课桌，他说"我们急需的最重要的东西是课本，教具和一个马桶"。[25] 这里的公共健康设施和基础供应明显匮乏。确实，据世界银行称，超过尼日利亚总人口一半的人日均生活开支不到 2 美金。[26]

在所有关于壳牌表现的批评性议论中，我注意到其中两条。第一条关乎一个事实，这是一个许多公司至今仍然缺乏理解的事实：他们的运营不仅需要一张法律运营许可证，还需要一张社会运营许可证。企业的法律许可证由国家机关批准，而社会许可证只能由公众来颁发。正如耐克案例中，社会许可证跨越国家范围同样有效。第二条指涉关于人权侵害领域的企业共谋，是由与合资公司相关联的其他方所造成的。两者都是当今全球化和治理相联系的关键方面。

壳牌在奥格尼有石油开采特许权，这是他们通过壳牌石油发展公司（SPDC）获得的开展运营的法律许可证，该公司由荷兰皇家壳牌和尼日利亚国家石油公司合资成立。在奥格尼地区，自石油开采和生产开始之日起，就出现了有害环境的影响。石油泄漏污染了这里的土地和水源，农业和渔业的生产基础被破坏。更严重的是，"村民们生存在一天24小时的废气燃烧中（有些已经燃烧了超过30年），还有酸雨造成的空气污染和呼吸系统疾病。地上输油管道直穿过村庄和往日的农田"[27]。早在20世纪70年代，奥格尼的酋长就致信SPDC公司和河流州的军政府，抗议环境退化，但是收效甚微。关于他们对环境的恶劣影响，壳牌不是置之不理就是认为无关紧要。[28]更恶劣的是，原油生产和矿业一样，是资本密集型行业，只能为当地提供很少的工作岗位。总之，当地社区付出甚多，而收益却微乎其微，当价值数十亿美金的石油从他们脚下的土地涌出时，开采特许带来的52亿美金，归壳牌；很少的一点余数，归奥格尼。[29]

于是，国内暴乱发生的频率稳步增长。壳牌开始尝试用投资社区发展项目的方式缓解紧张局势，例如修建学校和诊所、挖井、建立储水设施。有时这些努力反而让问题变得更糟，因为他们优待某些族群，对对抗性族群却不友好。[30]1992

年,"奥格尼人民生存行动"组织建立了。作家兼环境活动家肯·萨罗威瓦是组织的领导之一。这个行动宣布了《奥格尼权利议案》,包括环境治理、更有利的收益分配和更大的政治自治权。[31]政府和公司都没有回应。此时,破坏输油管道和其他公司设施的行为增加了。1993 年,超过该地区总人口一半以上的 30 万奥格尼人,走上街头反对壳牌的经营。其后不久,作为对一位 SPDC 员工被殴打的回应,公司撤回了其在奥格尼的全体员工,终止了在那里的运营。[32]

简而言之,壳牌失去了它的社会运营许可证,公众不会容忍它存在太久。15 年之后,壳牌仍然无法返回,因为这期间本已严峻的治安情况进一步恶化,尼日利亚政府取消了壳牌公司开采特许的法律执照,尽管它在这个国家很多地方还依然保留着主要原油生产商的地位。尼日利亚的民选总统亚拉杜瓦评论道:"不论壳牌还是奥格尼人民,彼此都已完全丧失信心。所以,我们将选择一位奥格尼能接受的开发者来取代壳牌。"[33]

现在,我们要探讨一下共谋问题。在这个讨论语境中,共谋是指企业卷入的人权侵犯是来自另外一方,包括政府机构。在煽动和怂恿国际犯罪这个领域,共谋的法律意义被描述得非常清楚:故意提供行为援助或鼓励他人的犯罪行为,并造成实际后果。[34]2009 年,在美国法院历经超过十年的程序争执之后,壳牌在民事审判中被包括肯·萨罗威瓦的儿子在内的原告指控为参与了镇压奥格尼地区反对行动的恐怖与暗杀活动,并最终在军政府的独裁势力支持下使反对行动以一场公认的虚假审判为告终,萨罗威瓦被施以绞刑。[35]

这一起诉壳牌的案件如果不是因为曾经默默无闻的《外国人侵权法令》可能永远不会被受理。该法令在1789年第一届国会会议上得以通过，用以救济违反国际惯例法的行为，比如海盗行为、虐待大使，以及违背安全行为。[36]这条法规沉寂了很长时间，直到人权律师在20世纪80年代重新发现了它，如果所指控的行为十分严重，起初就被确认为引起普遍谴责的违法行为，通过它可以使外国原告在美国联邦法院提起民事诉讼。针对大公司的突破性案例是1997年指控优尼科公司，被指控的企业甚至不需要是总部设于美国境内的企业，只要在美国发生大量的业务即可。[37]

让我们回到前面所讲的壳牌所受指控的内容。奥格尼发生国内骚乱，政府派出军队宣称保护壳牌设施，破坏行为包括从其领土通过的地上管道经常被蓄意破坏或是打开阀门——俚语称之为"装大桶"——然后将转移的石油出售。1993年，在壳牌终止开采之后，政府在奥格尼开展了大规模的镇压。村庄被焚毁，妇女被强奸，大约2000人在其后的两年内被杀害。[38]当时，壳牌否认了所有与政府共谋的指控，尽管他们后来承认至少有一次为军方提供有限的援助。[39]在不断升级的"奥格尼内部"党派之争中，四位温和路线领导人在1994年被一伙暴徒残暴地砍死。萨罗威瓦和其他14人被逮捕，被指控为谋杀。萨罗威瓦没有出现在谋杀现场，但他被指控为"远程怂恿在现场的暴徒"[40]。9名被告，包括萨罗威瓦被一个特殊军事法庭审判并判处绞刑。国际社会发起了一场世界范围的运动抵制死刑执行，其他非洲领袖也做出了恳请，但尼日利亚的军事独裁者萨尼·阿巴查将军没有听从劝告。此刻，巨大的社会压力涌向了壳牌，人们希望他们能大胆呼吁，利用影响力获取特赦。壳牌发表了一份颇为温顺的声明："像壳牌这样的商业公司不能也不允许干涉任何主权国家的法律进程。"[41]

在奥格尼，9 人被执行死刑之后，民众的强烈反对和谴责使壳牌受到了明显的影响。壳牌修改了"通用商业原则"，发展了新的企业社会责任政策和方式，开始努力成为工商业与人权的领导者。[42]但石油资源丰富的尼日尔三角洲情况变得越来越糟，暴力与犯罪行为现在扩展到几内亚湾，其程度甚至已经超过了索马里海盗，尼日利亚的原油出口量仍在持续下降。

在 2009 年 7 月威瓦诉壳牌一案即将在纽约开庭审理时，壳牌与奥格尼原告达成了庭外和解，赔偿了 1550 万美金。没有一方向陪审团讲述他们的故事，没有犯罪事实确立，双方都宣称自己在审判中获胜。[43]

在看过这些独立案例之后，我们对形势更加熟悉。我将检查涉企人权问题更广泛的存在模式和其发生的环境。

Ⅱ. 模式及关联

因为有关全世界公众投诉公司的案例缺乏官方数据，最可信的清单出自工商业与人权资源中心（简称 BHRRC），一个总部设于伦敦的小型非营利机构。[44]这家机构的在线数据库包括来自 180 多个国家的企业政策与实践信息，网站每月的点击量超过 150 万次。如果认为某个针对企业的投诉严重到了足以载入他们的每周更新中，他们会请求企业做出回应。作为建立"保护、尊重与补救框架"准备工作的一部分，我审查了 2005 年 2 月到 2007 年 12 月的投诉集合，排除副本（包括正在进行法律诉讼的新报告），共审查 320 个不同案例。

特别要指出的是，企业投诉很难完整地归入人权类别，它们通常包含多重要求。尽管也有部分案件用精确的术语表达，另一部分必须进行规范。为此，我以《国际人权宪章》所确认的"普遍权利"作为基准线。《国际人权宪章》（IB-HR）包括《世界人权宣言》《公民权利和政治权利国际公约》和《经济、社会和文化权利国际公约》，后又添加了《国际劳工组织关于工作中基本原则和权利宣言》。正如在前言所提及的，除了极少数例外，公司并不直接受国际法管制，而是在何处运营就服从所在地的国内法律。因此，我运用《国际人权宪章》和劳工组织宣言作为规范只是为了指出公司违背了哪些国际确认的权利，而不是违背了哪些法律。

完成这些初步准备，我们才能转向手中亟待确定的问题。我列举了四个问题：何种权利，何人，何处，如何——即指企业对国际确认的哪种人权产生了不良影响？触犯了"何人"的权利？侵权行为发生在"何处"，即在什么地区，哪种行业？以及企业是"如何"被卷入事端的，是直接还是间接？在下文中我将总结主要发现。[45]

何种权利

表1-1和表1-2展示了企业可能施加的或至少曾被投诉做出过的不良影响——这些不仅影响到各式各样劳动者的权利，正如人们预料的那样，还在很广阔的范围中影响到所有人的人权。

表1-1　被影响的劳工权利

结社自由	同工同酬的权利
组织和参与集体谈判的权利	平等工作的权利
无歧视的权利	获取公平满意的薪酬的权利
废除奴役和强迫劳动	享有安全工作环境的权利
废除童工	休息和娱乐的权利
工作的权利	家庭生活的权利

表1-1列举了320例投诉集中反映的涉及劳工的权利侵犯。最频繁被提及的是：工作的权利（例如随意和报复性终止雇佣关系、突然解雇时未作相应赔偿、雇用大量临时工且没有或仅有有限的雇佣保障）；获取公平满意薪酬的权利（通常是薪酬低于法定最低标准或不准确计算加班时间）；享有安全工作环境的权利（健康和安全问题）。尽管还有大量的投诉涉及企业阻挠工人结社权，自由结社还是无法排入所有投诉类型的前三名——这也许能更多地告诉我们工人的期望有多低，而不是要求公司对标准有多高的遵守程度。还有大量投诉是关于企业在查厂或审计前篡改或销毁记录。另

外还有一些关于忍受日常性骚扰的投诉，例如对女工的身体侵犯和性侵犯；雇用童工；扣押员工身份证明，这等同于强迫劳工。还有一种异乎寻常的虐待给这个投诉系列压轴：投诉公司与安保公司签约或与准军事化力量合作的殴打、刑讯甚至杀死工人组织者和游行示威者的行为。[46]

表1-2　被影响的非劳动者权利

生存、自由和安全的权利	和平集会的权利	隐私权
不得加以酷刑或施以残忍的、不人道的或侮辱性的待遇	结婚和建立家庭的权利	社会安全的权利
在法律中得到相同承认和保护的权利	享有思想、良知和信仰自由	获取充足标准的生活的权利（包括食物，衣服和房屋）
公平审判的权利	保留个人观点的权利，信息及言论自由	身心健康，获取医疗服务的权利
自主权	政治生活的权利	教育权
运动的权利	少数民族保持文化、信仰、习俗和语言的权利	参加文化生活的权利，受益于科技进步，保护著作者利益

表1-2列举了所有非劳动者权利被影响的投诉。健康相关投诉在这一类别中占主体地位，涉及的问题主要是在社区公开排放污染物或其他生物毒素。涉及人身安全的权利纠纷占所有案例的将近一半（前面记述的尼日利亚军队镇压奥格尼的行动就是一个极端案例）。紧接着是获取充足标准生活的权利，例如公司行为造成的农田或鱼塘退化。还有为数众多的关于拆迁的案例，主要因为采掘工业的利益或修建其他基础设施项目而产

生，其主要表现为：没有获得社区公民的认可、赔偿不足、没有提供新的定居点和新居安置居民，以及利用暴力拆迁获利。金融服务公司被指责资助这类项目。还有经典的公民权利问题，尽管这类问题只有很小的数量，包括公民需要得到法律平等的承认和保护，以及公平审判的权利，这些诉求都源自所指称的企业干扰司法进程。

　　一言蔽之，也许这些结果中最令人吃惊的不是某种侵权行为的排序，而是投诉出的公司侵犯或虐待的（国际认可的）权利的范围竟然如此之广。

何人的权利

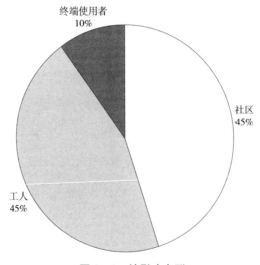

图 1 - 1　被影响人群

图 1 - 1 一目了然地展示了投诉人权虐待的索赔者或受

害人的分类。在这些案例样本中，工人和社区受到相同的影响，当然不同的行业对工人和社区人群影响不同。正如所料，鞋类和服装类产业对工人造成的影响比对社区造成的影响大，而采掘工业对社区的影响却是巨大的。在这些样本中，终端消费者案例主要是指因为企业过高的成本或知识产权限制、影响了他们获取基本药物的权利，例如艾滋病治疗药物。

哪里？

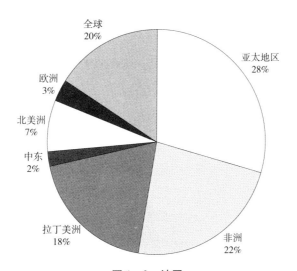

图 1-2 地区

我将发生在哪里这个问题分为两个方向：地区（图 1-2）和行业（图 1-3）。这些地区统计结果需要进行谨慎的解读，向中心网站发布的投诉和抱怨似乎未经当地论坛组织受理，例如国家劳工关系委员会、无歧视组织或是一些其他的规制机构。而且，如前所述，样本不包括已经进入法律程序的案例，因为最初的投诉已经出现在更早的 BHRRC 清单上。因此，图1-2不能作为结论性证据证明发生在欧洲和美洲的涉企人权虐待案例少于其他地区。但是，它显示的数据表明，同其他地区相比，在亚太、非洲和拉丁美洲地区无法通过论坛组织有效地得到处理（或者根本没有类似论坛组织）的案例要多得多。

图中所标的"全球"是指公司的全部政策会给它所有的经营所在地带来影响——例如又一次被列上名单的获取基本药物权利，或是在企业范围内否认员工自由结社的权利。

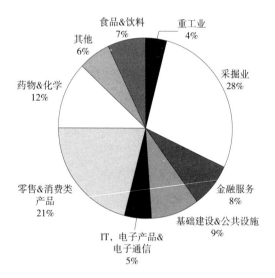

图1-3 行业

在行业分布中，采掘业的数据占整个投诉中的最大份额。论及影响规模，这一行业有很大的地区影响力，时常出现在少数民族人群定居的地区，主要问题包括：重新安置移民程序不当（有时是强迫），人身安全得不到保障，生计受到不良影响。零售与消费类产品紧随其后（长而复杂的供应链）。基础建设和公共设施通常遇到的问题与采掘工业一样，在某种程度上，饮食行业也是如此（想想规模庞大的香蕉或甘蔗种植园，或者使用重水和化肥对人类生存权的影响）。制药与化学工业位居第三，主要反映为这两者的结合——妨碍获取基本药物和可能影响健康权的环境危险。对金融服务业的指控永远都是银行把钱借贷给侵犯人权的企业。

何种方式

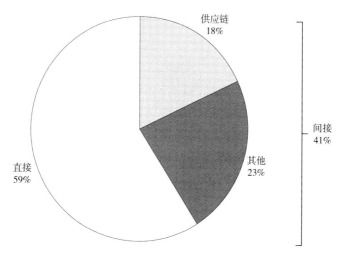

图 1-4 直接或间接介入

我也想了解被指控侵害人权的企业通常是因为直接行为成为被告还是因为给其他执行者做帮凶，图 1-4 提供了答案。将近 60% 的案例是公司的直接行为；只有略超 40% 的被投诉行为人是与公司联系密切的其他各方（"共谋"）。除了一处例外是所有共谋报告都出现在发展中国家。根据对第三方身份进行分类发现，每 10 起案例中大约有 4 起指涉公司供应链上的合作伙伴——类似我们看过的耐克案例，环球消费者希望品牌承担部分责任。其他六成案例的主题是关于公司与国家或国家机构的关系，涉案公司涉嫌捐助国家参与者的直接侵犯行为或是在侵犯行为中受益。

极端人权虐待的关联问题

人权原则中的最高原则是权利没有等级序列，所有权利都"普遍、不可分割、相互依存又相互关联"。[47]但是这不意味着所有侵害对权利持有者造成同等严重的后果。根据之前所列的地区分布报告做出的图 1－2，我更大的兴趣在于鉴别那些极端的涉企人权虐待发生的原因，很多人将其归因于国家。我从不同渠道获取这些数据，对于人权组织来说，调查并发表一个完整报告，集中指控针对一家或多家公司是事倍功半的事。因此，看起来有一种假定是合情合理的。即这些组织在选定目标并作为项目实施，是因为他们相信选定的目标参与了极端虐待，同时项目也符合该组织的运动目的。在我递交给联合国第一份报告中，我分析了 65 个这样的出版物，它们由各种人权倡导组织在 2000 年到 2005 年发行。[48]以下是我的发现。

65 个报告中被投诉虐待的企业来自 27 个国家，主要发生在低收入国家，或中等收入国家中收入较低的部分。此外，大概三分之二的案例是近期发生或纠纷持续至今的。最后，他们通常将这些发生虐待行为的国家描述为治理不善。世界银行制定的法律规则索引中，27 个国家中除 2 家之外都低于世界平均标准；其中有两个例外，一个勉强达到全球平均线，另一个正好踩线。[49]但是在透明国际清廉指数索引中这些国家没有一个被标示为"高腐败"，甚至有 10 个国家被描述"极为清廉"，27 个国家的平均系数是 2.6。[50]在自由之家的政体指数上，27 个国家的平均系数为 1.9，这一评价标准是"不自由"为 1，"部分自由"为 2，"自由"为 3。[51]

国际矿业与金属理事会是一个包括二十多个世界矿业领域领军公司的工业协会，他们组织了一项研究观察这些结果是否适用于他们的行业，结论在很多方面都是相似的。但是，在他们的调查中有 70% 的案例属于企业共谋范畴：具体的人权侵犯由其他参与者执行，多半是国家机构或武装派系，他们"与矿业公司邻近，据说代表矿业公司，或者直接与矿业公司有利益交换。"[52]

总之，在常见的描述中极端恶劣的涉企人权侵害与具备收入相对较低、近期或正处于冲突中、政府管理不力和腐败滋生等特质的东道国间存在消极的共生关系。

冲突地区

这种消极的共生关系在冲突地区表现得极为明显：中央政府丧失了对国家或地区的全局掌控，各种武装力量争夺领土和资源，或是政府自身采用异乎寻常的手段镇压自己的人民，甚至升级为国际犯罪。联系到工商业与人权，冲突地区会吸引违禁或走私企业，因为尽管存在国际人权和人道主义法律标准，这些地区实际上却属于"无法律"特区，即使公开抢劫掠夺也不必担心受到制裁。而且在此类环境中，即使规模较大、合法经营、管理良好的公司也会逐渐或有意或无意地成为严重人权侵害的参与者。

这一类别中有个典型案例是金吉达公司（生产香蕉）。2007 年，美国司法部控告金吉达在哥伦比亚资助一个曾经进行大屠杀和驱逐人民的右翼军事组织，这个组织早已被美国定义为外国恐怖组织（FTO）。[53]金吉达原本在更长的一段时间里赞助了哥伦比亚两个左翼游击队，这两个游击队也在美国国务院的 FTO 名单上。[54]金吉达的 CEO 费尔南多·阿吉雷发表声明说："这些赞助是出于保护雇员安全的良好意愿。"[55]换句话说，这是在政府力量部分失控的地区必须缴纳的保护费。尽管怀着良好意愿，这些赞助还是给金吉达带来两个问题：第一，给恐怖组织提供赞助这一做法在美国是非法的；其次，对右翼组织哥伦比亚自卫队的赞助，是针对左翼游击力量、工团主义者和社会活动家的一种挑衅，有意将他们从金吉达运营的地区中驱逐，这场战争大概使几百人丧生。经过辩诉交易，金吉达支付了 2500 万美金罚款以解决FTO 的指控，并许诺执行一个更有效的守法和遵守道德规范的程序。但很快金吉达又发现自己被哥伦比亚受害者的家人告上美国法庭，他们依据《外国人侵权法令》指控金吉达与右翼组织同谋，共犯非法执行死刑、酷刑、强迫失踪、反人类罪和战争罪。[56]

还有大量的公司被控在发生内战期间与政府方合作，在苏丹的塔里斯曼能源公司就是其中之一。[57]非政府组织、教会组织和一些社会责任投资基金向这家加拿大的公司施压，迫使其离开苏丹，他们指责该公司的原油获利使得苏丹政府的军事开支在三年内翻番。[58]但最令他们，包括加拿大政府关注的是——据透露，苏丹军事力量用该公司的简易机场给武装直升机和轰炸机加油，在突袭该国南部时更是前后100多次使用机场。[59]这导致了一场声势浩大的抵制公司的运动，该公司股价崩盘，并被勒令即刻撤离苏丹。与此同时，他们也因为《外国人侵权法令》被告上美国法庭，被控告协助和怂恿苏丹军事袭击。但第二巡回上诉法院那时秉持一种我曾公开批评的观点，他们确信根据这条法令的目的，要判断公司共谋成立并不在于公司在知情情况下帮助他人违反国际法，而是公司行为本身"带有加剧违法行为的目的"。法院认定塔里斯曼的行为不符合这个判断。[60]

如果要列举近年恶劣之中最为恶劣的情况，毫无疑问当属刚果民主共和国（DRC）。据报道，自1990年以来，在其广袤的国土上超过400万人在冲突中丧生，还有不计其数的强奸、酷刑和其他虐待。2000年7月，联合国安理会提请秘书长就刚果民主共和国非法开采自然资源和其他形式资源建立专家专门小组。[61]其主要任务就是调查这些非法开采资源行为如何通过金钱资助交战方并供给武器和军用物资来实现，以及控制这些资源的公司谋取商业利益的行为而导致冲突加剧的。非法开采的资源主要包括金、钻石、铌（一种合金强化剂）、钶钽铁矿（现在主要用于手机和笔记本电池）和木材。

1996年10月，一场区内战争爆发。卢旺达军队入侵刚果民主共和国，以此作为居住于民主刚果东部难民营的胡图人攻击卢旺达的回应。卢旺达军队组成了一个以洛朗·卡比拉为首的盟军，他领导的东部反抗武装一直以推翻那位臭名昭著、掠夺成性的总统蒙博托·塞塞·塞克的中央政府为目的。蒙博托弃国逃亡，卡比拉自任为总统。一场纷争之后，卡比拉在1998年命令外国军队离开民主刚果，但卢旺达和乌干达派驻了新军队顶替。安哥拉、津巴布韦和纳米比亚派出军队代表卡比拉政府介入，同时也得到了苏丹和乍得的支持。实际上，这些军队在他们所占领的那个区域，通过拥有或者至少控制矿业和其他自然资源的经营权获得了相应的"报偿"。外国武装在2002年撤军，实体网络不复存在，但是特别在刚果东部，还保留着他们早已建立的谋利用的机械设施。

工商业与人权的联系在此处是双重的。首先，安理会专门小组鉴别了各公司和他们的安全提供者，据称他们直接被卷入人权虐待——因为强迫劳工，例如"强迫农民和他们的家庭离开他们的农田，驱赶人们离开发现钶钽铁矿的地方而且强迫他们在手工矿井中劳动。结果，广阔的农田被毁，毁灭性的社会影响出现，大量例证涉及奴隶佣工"。[62]第二，专门小组还确认了一个更大的战争经济商业推动者圈：那些购买、倒卖、运输违禁原料的公司、与他们进行交易的二级商和为他们提供借贷服务的金融机构。他们虽与民主刚果冲突只有间接联系，但专门小组表明，他们"仍然担负一个责任以保证那些联系即使在无意情况下也不为冲突提供基金和补给。"[63]

在民主刚果专门小组的任务中，最具争议的概念就是在解读自然资源开发时提到的"非法"。专门小组于是限定以下形式均为非法：决议实施任何没有获得公认政府的许可行为；不论是否被迫，违反现存国家法律和规定；依靠滥用职权或公开暴力维持资源开发；违反国际法。[64]部分经专门小组鉴定的企业抱怨道：依照这个定义，在民主刚果大部分土地上发生的多数商业活动都是非法的。[65]事实上，这个结论似乎更精准地传达了特别小组的寓意。

在现场，刚果悲剧令一切都非常清楚，冲突地区会成为当时实质上的无法律特区，在那里涉企人权虐待只能靠自我克制和偶然发生在其他国家的法律诉讼来规范，前提是那一国家的法令涉及治外法权。这造成了全球化与治理的最大漏洞。

Ⅲ. 结论

20世纪90年代开启了一个全球市场和参与者历史性的新时代，其范围的扩展和跨国公司的职责展示了这一切。跨国公司的数量前所未有；他们在覆盖全球的诸多国家中运营；他们建立新奇的、距离遥远又跨越疆界的生产和离岸资源网络，与其他公司的合作多以契约或合资的方式进行，较少采用垂直整合形式。在本章一开始介绍了一些象征性的经典案例，正是它们将工商业与人权提上了全球议事日程，呈现了涉企人权侵害的总体实景，展示了涉企人权虐待的普遍方式。

当工商业与人权出现问题的时候，无论政府还是公司都缺乏充足的准备去迎接这场全球化浪潮。在我们调查的案例中，企业开始总是以恪守成规的姿态面对他们遇到的挑战："我们不对此事负责"，企业说，"他们是完全独立的供应商，或是一个司法独立的分支机构；我们只是在那里做生意，不想涉足东道国的内部事务，即使军事独裁政府被广泛认定在非法杀害反对我们运营的示威者；我们必须遵守那块土地的法律，即使它强迫我们违反国际确认的标准和我们自己的企业价值观。"由最初局面引发而来的运动爆发了，大多数是倡导人权运动，有时是法律诉讼，而绝大多数起诉运用了新发现的《外国人侵权法令》。在扎迪克提交的耐克进展说明中提到，企业应该将新的社会期待内化为企业责任。但是哪些社会期待应该被内化为企业责任，以及怎样在实践中落实，就此两点还没有达成精确的共识。尽管在接下来的十年中，大量的企业社会责任倡议被发布，但它们只是一些彼此几乎毫无关联的碎片，各自提出不同的承诺，并无格外关注人权的责任倡议。我的任务就是处理这些漏洞。

我们认识到企业能影响已经得到国际确认的各个层次的人权，而且不是如我们泛泛假设的那样，仅仅影响某几个部分。除了全范围的工作场所问题之外，我们发现企业经常被投诉的项目包括：侵犯健康相关的权利；耕种、居住和获取安全饮用水的权利；人身安全的权利；土著居民的权利；还有一些典型的公民权，例如言论自由、隐私权、和平集会和公平审判。当然，这给建立工商业与人权的系统框架这一任务增加了很大难度。

此外，我们发现涉企人权侵害显著地高发于治理不善的国家，也许是当地没有设置相关法律，也许是当地法律没有强制力，尽管所在国家都签署了相关国际人权法规。这使我们重视到这个需求：必须限定一个基本的责任要求企业去尊重人权，而不与东道国是否承担自己的责任进行绑定。当公司面对东道国法律与国际标准发生抵触的两难之境，需要有被制定的更细微的回应原则。

最后，我们了解到涉企人权虐待中最为恶劣的案例，它们发生于武装冲突区域。冲突区吸引了许多边缘的违法企业，但即使是声誉良好的跨国公司在冲突地区也极易卷入人权虐待，其代表性的表现是政府机构或武装派别为公司设施提供保护，或掠夺目标资源。个别公司能降低其卷入这类人权虐待的风险，民间社会团体也可以帮助他们。但最终，当他们面临本国更强有力的法律措施时，这类情况反成为最好的选择。无论如何，正如我们会在下一章看到的那样，这一问题在政府与工商企业之间仍存在高度争议。

最终，在诸多因素中，工商业与人权挑战更多地涉及全球政治经济以及世界政治法律秩序的结构。因此联合国建立一个专门的特别程序处理这一问题，明示该领域在知识和制度方面存在哪些欠缺。开始这一任务的时候，我想起了一个沉默的苏格兰人曾给我的建议，当我向这个徒步者问路时，他说："如果我是你，我可不会从这里出发。"

注　释

1. David Barboza，"After Suicides，Scrutiny of China's Grim Factories，"*New York Times*，June6，2010.

2. Charles Duhigg and Keith Brads her，"How the U. S. Lost Out on iPhone Work，"*New York Times*，January 21，2012.

3. Simon Zadek，"The Pathto Corporate Responsibility，"*Harvard Business Review* 82（December 2004）.

4. Jennifer Burns and Debora Spar，"Hitting the Wall：Nike and Inter－national Labor Practices，"*HBS Case* 9-700-047（Boston：HarvardBusiness Publishing，2002）.

5. 出处同上；还有 CBS Street Stories，"Just Do it；Nike Cheap-LaborFactories in Indonesia，"*CBS News Transcripts*，July 2，1993.

6. Sydney Schanberg and Marie Dorigny，"Six Centsan Hour，"*Life*，June 1996.

7. Burns and Spar，"Hitting theWall."

8. 以下内容基于新闻报道，并非详尽无遗的描写。

9. 克莱恩称耐克为"不配拥有 swoosh 这一称号"的品牌（译注，耐克的标志被称为 swoosh，创始人菲儿·奈特将它纹在脚踝处）。Naomi Klein，*No Logo*（New York：Picador，2002），p. 203.

10. JohnCushman，"Nike Pledges to End Child Labor and Apply U. S. Rules Abroad，"*New York Times*，May 13，1998.

11. http：//www. business－humanrights. org/Categories/Lawlawsuits/.

12. 耐克不仅成为供应链监管的先锋，而且将其内部监管数据交付麻省理工学院斯隆商学院的理查德·洛克教授进行分析并公布，深化了我们关于进展及其限制的理解。见 Richard Locke, Fei Qin and Alberto Brause 的 联 名 文 章 "Does Monitoring Improve Labor Standards? Lessons from Nike," http：//www. reports-and-materials. org/Does-Monitoring-Improve-Labor-Standards-July-2006. pdf。

13. Mark Whitaker, "It Was Like Breathing Fire," *Newsweek*, December17, 1984.

14. http：//bhopal. net/.

15. SanjoyHazarika, "BhopalDetailsRemainUnresolved,"*New York Times*, February 16, 1989.

16. Bhopal Information Center (Union Carbide Website), "Chronology," www. bhopal. com/chrono. htm.

17. AjoyBose, "Gas Leak Starts Criminal Action：US Company Union Carbide Faces Legal Actionover Gas Leakat Bhopal, India," *The Guardian* (London), December 7, 1984.

18. William Claiborne, "American Lawyers Flock to Bhopal：'Get Union Carbide' is their Slogan," *Washington Post*, December12, 1984.

19. Julia Khou and Debora Spar, "Union Carbide's Bhopal Plant," *HBS Case*, 9-796-035 (Boston：Harvard Business Publishing, 1996).

20. *In re Union Carbide* 634 F. Supp 842 (1986), 866.

21. U. S. Court of Appeals, case 809F. 2d 195 (2nd Cir. 1987).

22. 见 BBC 新闻,《博帕尔公审：8 名印度毒气灾难责任人被判刑》http：// news. bbc. co. uk/ 2/ hi/ south_ asia/8725140. stm。沃伦·安德森, 时任美国母公司的董事长, 在灾难发生后不久便被印度发出逮捕许可证。

23. 开创性的著作是 Terry Lynn Karl, *The Paradox of Plenty：Oil Booms*

and Petro-States（Berkeley：University of CaliforniaPress，1997）；又见于 Karl，"Understanding the Resource Curse," in *Covering Oil：A Reporter's Guide to Energy and Development*（NewYork：Open Society Institute，2005），见于 http：//www. soros. org/sites/default/files/osicoveringoil_ 20050803. pdf.

24. 例如，两条来自国际危机组织（International Crisis Group，ICG）的近期报道分别是："Nigeria：Ogoni Land After Shell," Africa Briefing No. 54（September 18，2008）和 "Nigeria：Seizing the Moment in the Niger Delta," Africa Briefing No. 60（April 30，2009）。还有 Lynn Sharp Paine 和 Mihnea C. Moldoveanu 联名发表的 "Royal Dutch/ Shell in Nigeria（A），" HBS Case No. 9-399-126（Boston：Harvard Business Publishing，2000）。

25. "*Chop Fine*"：*The Human Rights Impact of Local Government Corruption and Mismanagement in Rivers State，Nigeria*，Human Rights Watch，January 31，2007.

26. http：//web. worldbank. org/WBSITE/EXTERNAL/COUNTRIES/AFRICAEXT/NIGERIAEXTN/0,,menuPK：368906 ~ pagePK：141132~ piPK：141107~theSitePK：368896，00. html.

27. ICG，Africa Briefing No. 54.

28. 出处同上。

29. 出处同上。

30. Luc Zandvliet and Mary B. Anderson，*Getting It Right：Making Corporate-Community Relations Work*（Sheffield，UK：Greenleaf，2009）.

31. http：//www. waado. org/nigerdelta/Rights Declaration/ Ogoni. html.

32. ICG，Africa Briefing No. 54.

33. 出处同上，摘自 p. 6。

34. See my "Clarifying the Concepts of 'Sphere of Influence' and 'Complicity'," *Report of the Special Representative of the Secretary-General on the Issue of Human Rights and Transnational Corporations and Other Business Enterprises*，*John Ruggie*，UN DocumentA/HRC/8/16，May 15，2008.

35. Matthew Green and Michael Peel，"Shell Faces Saro-Wiwa Death Claim," *Financial Times*，April 3，2009.

36. 该法令全文如下："地区法院对任何因外国人侵权而提起的民事诉讼，凡违反国家法律或美国条约者，应具有根本裁判权。"（U. S. Code，Title 28，Section 1350.）

37. 在诸多提起上诉的案件中，多数以程序理由驳回。少数问题得以庭外解决。在唯一走向陪审团庭审过程的大公司案例——博瓦托诉雪弗龙案中，公司方胜诉。

38. Paul Lewis，"Blood and Oil：After Nigeria Represses，Shell Defends Its Record,"*New York Times*，February13，1996；Chris McGreal，"A Tainted Hero," *The Guardian*（London），March23，1996；Steve Kretzman，"Hired Guns：Shelling Out for Murder," *In These Times* 21，no.6（February 3-16，1997）.

39. "Nigeria：Delta Blues," *The Economist*，February 13，1999；Kretzman，"Hired Guns"；ICG，Africa Briefing no. 54.

40. McGreal，"A TaintedHero."

41. 国家和平与发展委员会（SDPC）出版声明，1995 年 10 月 31 日，引自 Bronwen Manby 的 "The Price of Oil：Corporate Respon-

sibility and Human Rights Violations in Nigeria's Oil Producing Communities"（New York：Human Right Watch，1999）。

42. 部分前壳牌和英国石油的高级管理人员共同组建了大赦国际英国商业组织，据该组织的创立者说："壳牌在尼日利亚的经历与其后英国石油在哥伦比亚的经历给我们提供了一个平台和突破的契机"。见 Sir Geoffrey Chandler，"The Amnesty International UK Business Group：Putting Human Rights on the Corporate Agenda," Journal of Corporate Citizenship 33（Spring 2009），p. 31。

43. Michael D. Goldhaber，"A Win for Wiwa, aWin for Shell, a Win for Corporate Human Rights," *American Lawyer*，June 11，2009.

44. http：//www. business-humanrights. org/. The Centre also hosts my mandate's portal.

45. 报告全本，包括个案详述，见"Corporations and Human Rights：A Ssurvey of the Scope and Patterns of Alleged Corporate-Related Human Rights Abuse," Report of the Special Representative of Secretary-General on the issue of Human Rights and Transnational Corporations and Other Business Enterprises, John Ruggie, UN Document A/HRC/8/5/ADD. 2， http：//www. reports-and-materials. org/Ruggie2-addendum-23-May-2008. pdf。

46. 关于"严重"或"极其恶劣"的侵害，现在尚无公认的定义和列项，只有一种大致的共识认为其范畴中包括私刑杀戮。见"United Nations Basic Principles and Guidelines on the Right to a Remedy and Reparation for Victims of Gross Violations of International Human Rights Law and Serious Violations of International Humanitarian Law"（General Assembly Resolution 60/147）。

47. "Vienna Declaration and Programmeof Action," UN DocumentA/ CONF. 157/23（July12，1993）．

48. *Interim Report of the Special Representative of the Secretary-General on the Issue of Human Rights and Transnational Corporations and Other Business Enterprises*，UN Document E/CN. 4/2006/97（February 2006），paragraphs 24–32.

49. 该指数测量民众在社团中拥有自信并遵守规则的程度。见 http：//www. worldbank. org/wbi/governance/govdata/。

50. 该指数针对腐败的感知程度，以专家评估和民意调查观点为依据，对超过 150 个国家进行了排序。见 http：//www. transparency. org/ policy_ and_ research/surveys_ indices/cpi。

51. See http：//www. freedomhouse. org/template. cfm? page = 15& year = 2005.

52. ICMM，"Second Submissionto the UN Secretary – General's Special Representative on Human Rights and Business,"October 2006，http：//www. icmm. com/document/216.

53. 金吉达向政府透露了这笔支出。

54. Michael Evans，"'Para – Politics' Goes Bananas,"*The Nation*，April 4，2007.

55. Quotedin Gary Marx，"Colombian Official Seeks US Papers on Chiquita,"*Chicago Tribune*，March22，2007.

56. 金吉达还被提起诉讼，诉讼者是"哥伦比亚革命武装"游击队进行屠杀时的一名幸存者。

57. 当时塔利斯曼持有大尼罗河石油公司 25% 的股份，其余股份掌握在中国石油天然气总公司、马来西亚国家石油公司和苏丹国家石油公司名下。

58. Ian Fischer，"Oil Flowingin Sudan，Raising the Stakes in its Civil War，" *New York Times*，October 17，1999.

59. "Human Security in Sudan：The Report of a Canadian Assessment Mission."http：//www. reliefweb. int/libbrary/documents/cansudan2. pdf. 塔利斯曼的运营方式，其中包括简易机场的运营，是与苏丹合资经营的。

60. 该案件为苏丹基督教长老会诉塔利斯曼能源集团案，No. 07 - 0016，decided October 2，2009。国际法学家委员会在南非约翰内斯堡举行的"获取正义研讨会"（2009 年 10 月 29 日）上，我注意到这种尝试"违反了国际法观点"，并补充道，"正如 I. G. Farben 公司只是为了赚钱，而不是为了残害犹太人，难道（依照塔利斯曼标准）就可以允许这样一家公司去为政府提供大量购买 Zyklon B. 毒气的资金，用于杀死犹太人？"http：//www. business - humanrights. org/ SpecialRepPortal/ Home/ Speechesinterviews/2009。

61. UNDocumentS/PRST/2000/20，June2，2000.

62. UN DocumentS/2003/1027，October 23，2003，第 10 段。

63. 出处同上，第 9 段。

64. UN Document S/2001/357，第 15 段。

65. 例如：卢旺达总统保罗·卡加梅的特使 Patrick Mazimhaka，针对这一结果的诸多评论，引用自 Charles Cobb，Jr. ，"Congo - Kinshasa：Dispute over UN Congo Report Clouds Peace Effort，"allAfrica. com，May 4，2001。可见于 http：//allafrica. com/stories/200105040437. html。

BUSINESS

第二章

没有银子弹

一位见多识广的观察家在 2005 年企业与社会责任年度会议上总结出了一种僵局，我在任务开展之初也几乎陷入其中："一方是非官方组织雄心勃勃的议程，要确立关于企业责任和人权的法律'条约'。而另一方却是公司在说'不，除了这个什么都行！'拥有冷静的头脑的人并不普遍，事实上也很稀有。"[1]2003 年，当联合国人权委员会的一个下属专家机构草拟了一份名为《跨国公司和其他工商企业在人权方面的责任准则》的条约式的公文草案之后，此类争论变得非常激烈。[2]结局正如在前言中提到的，联合国人权委员会这一政府间上层机构最终拒绝就该草案采取行动，转而对我进行了委托授权。

同样的僵局持续到 2005 年末我在日内瓦召集的第一次咨询会之时，会议主要聚焦于采掘行业的人权挑战。参与人大概分为两派，让我回答"我必须/绝不支持准则"和"我必须/绝不支持自愿倡议"的问题。工商企业一贯抗拒具有法律约束性的规章，而准则这个特别文书看来将属于政府的部分人权责任转嫁给了工商企业。很多人权倡议组织对自愿倡议不予考虑，因为他们认为这样只能粉饰公司或者洗白那些通过加入联合国关于企业社会责任的全球契约来对抗批评的公司，除此之外没什么作用。还有一些人权倡议组织认为这些还会转移人们需要公司承担法定责任的注意力。在咨询会上，每个人想让我回答的问题只有一个：你赞成哪种方式？你最终支持哪一边？我回答我想以实证为基础进行这个项目，如果时间和环境允许，我将以开展严苛评估作为替代选择。此后，我发现双方对此都很欢迎。

这些争论还是给我提供了一个非常有价值的切入点，在调整国际人权体系有效地保护涉企人权伤害过程中，它们帮助我理解了所牵涉的核心概念、方针政策和一些相关的法律事宜。因此，我将其并入我对这一挑战提出的解决方案。首先，我将简要地描述当前工商业与人权的国际法结构；之后，我将总结在我开展任务之初所做的《准则》分析，解释我为什么拒绝建立特别法律文书这一理念；接下来，我会阐明依据我个人的观点，我为什么反对将这个联合国任务作为一个倡议，去建立一个包揽一切的工商业与人权条约；再下一步，我会评价工商业与人权中自愿倡议的成绩和局限；最后，我将列出通过分析得出的关键教训，在我建立自己那个异端方案时，这些教训化为了其中的组成模块。

Ⅰ．当前的结构

国际法不会忽略跨国公司和其他工商企业侵犯人权这个

事实。但是除了少数例外，国际法既无法把责任直接强加给公司，迫使他们克制企图实施的虐待，也没有任何手段去强制执行这些保护。相反，国际法将该责任落实于国家，要求国家在其司法管辖范围中保证包括公司在内的非国家参与者，不得侵害通过适当的政策、法律、规章和判决等工具公认的权利。联合国声明、人权条约都体现了这一国际法结构，以上文书提供的官方阐释对此进行了具体说明。除部分异常恶劣的案例，包括牵涉种族灭绝、战争罪和部分反人类罪，尽管要通过国内法院进行强制执行，国际惯例法标准在某些情况下直接适用于企业实体。下面我将简要地介绍。

世界人权宣言

世界人权宣言（UDHR）在国际规范序列中占据着独一无二的地位。在其序言中这样声明："作为所有人民和所有社会机构……努力通过教诲和教育促进对权利和自由的尊重，并通过国家的和国际的渐进措施，使这些权利和自由在各会员国本身人民及在其管辖下领土的人民中得到普遍和有效的承认和遵行。"关于这段宣言，哥伦比亚大学法律学院路易·亨金教授有句经常被引用的注释："所有人民也包括法人。所有人民和所有国家，不排除任何人，任何公司，任何市场，任何网络空间。世界人权宣言适用于以上所有人与场合。"[3]亨金的确是对的，宣言的决心和道德要求满足并适用于全人类——而且，正如我们即将看到的内容，许多公司自觉地将其加入他们的人权政策之中。但这一结果并不等同于法律约束力。

作为一个宣言，世界人权宣言并无意进行法律约束。它的草案预期法律责任会在随后的条约中得以详尽确立，例如《公民权利和政治权利国际公约》（ICCPR）和《经济、社会和文化权利国际公约》（ICESCR）这两个人权公约中最终所体现的。世界人权宣言的条款可能被说成是国际惯例法的一部分，但是这些条款一定不包括序言中所谓的"每一个社会机构"，因为序言即便能约束国际文书，但其本身没有法律约束力。

联合国条约

在早年的联合国人权条约中，例如《消除一切形式种族歧视国际公约》和《两个人权公约》，并没有特别圈定关于企业的国家责任。它主要笼统地体现于缔约国保证公民享有权利和避免非国家虐待等义务中。例如，《消除种族歧视公约》要求缔约国禁止"任何人、任何团体或任何组织"所施行的种族歧视。有些条款确认的人权，部分涉及公司环境，包括雇佣、健康和土著社区的权利问题，但相关责任都一成不变地指向了国家。

自1979年通过的《消除对妇女一切形式歧视公约》（CEDAW）开始，联合国人权条约第一次以更直接的方式面向工商企业。例如CEDAW中要求缔约国采取一切适当措施，消除所有实体对妇女的歧视，实体中专门提到了"企业"。更明显的细节体现在文中"银行贷款、抵押和其他形式的金融信贷"部分，但保证妇女享有这些权利的责任者还是指定为国家。条约通常赋予各缔约国在规范和裁决非国家虐待的形式方面以自由裁量权，但条约着重强调使用法规形式进行规范并进行司法补救。

因为条约认为：国家有"保证享有"权利的责任，也有评论者认为它意味着全体社会参与者的直接法律义务，这其中也包括企业，同样应将这些权利置于首位。怎样检验这些论断的真伪？一个方法是查询条约机构的注释和结论性意见——我检查了每一个条约机构，并对他们进行了十年期的采样，[4]这些论断无法得到证实。监督 ICESCR 的条约机构就工作权利做出的一般性建议非常典型：它确认了各种各样的个人参与者，也包括跨国公司，"在增加就业，雇佣政策和非歧视工作获得等方面起着尤为特别的作用"，[5]但紧接着又说工商企业不受公约约束。同样，公民和政治权利的人权事务委员会也曾说条约义务"不直接与国际法具有水平相同的效用"——也就是说，他们只能通过国内法对非国家参与者起作用。[6]

国际劳工公约

从纯逻辑的角度分析，最有可能直接确认企业责任的条约应该是国际劳工组织公约，企业责任应该在其中鲜明地占据显著位置。国际劳工组织是一个由三方构成的组织，分别为国家代表、企业协会和工人组织。条约对应所有类别的雇主，包括企业；工商企业通常确定他们对雇员的责任要多于其他利益攸关者；国际劳工组织在监督机制和投诉程序中详述了雇主组织和工会的职责。但仅靠逻辑不能立法，国际劳工组织公约对遵约公司的法定责任仍然确定为间接，国家仍然是直接的责任担当者。

极端行为

对国际人权法的"明显"侵犯和对国际人道法（又称武装冲突法）的"严重"侵犯，联合国大会曾对两者做出分类确认。[7]问题中的行动通常被称为"极端恶劣"。因为没有无所不包的定义，目前得到广泛公认的是，"极端行为"中包括种族灭绝罪、战争罪，以及酷刑、非审判死刑、强迫失踪、奴役、奴隶式工作和种族隔离等反人类罪。很少有合法企业参与这类行为，但他们所面对的更大风险是被指控协同共犯和教唆他人，例如，动用安保力量保护公司的资产和设施，就像壳牌和尼日利亚军方或是金吉达公司和哥伦比亚地方武装的关系一样。国内法庭本该强制企业履行义务、拒绝参与此类行动，但在很多案例中这种强制企业的责任都依据国际标准。

在主要法律机制中，结合国内法律和国际标准并实施的法令是之前讨论过的美国《外国人侵权法令》（ATS）。依据这一法令，外国原告可以在美国境内对在美国发生经济行为的企业提起民事索赔，即使其人权伤害行为发生在美国境外。针对这一法令，美国法院依据了国际标准——包括由国际刑事法院关于前南斯拉夫和卢旺达的审判发展而来的条约基础标准和习惯法标准，例如由国家来斟酌判定是否违反"本国的法律"。其假定是，如果这些国际标准能达到一定的水准，那么根据自然人建立的标准同样适用于法人。但2010年9月，美国第二巡回上诉法院在另一案例中驳斥了这一观点，这是近年来一次维持原判，仅允许依据《外国人侵权法令》起诉个人，确定这一法令并不适用于公司之类的法人。[8]随后，其他巡回法院在不同案例中驳斥了同一观点。目前，这一问题留待最高法院复审，我会在第五章中详细解读。

第二种途径是将国际标准接入国内法律体系并适用于公司实体，包括利用建立国际刑事法院的罗马规约。国际刑事法院自身对企业没有司法权——这一问题在草案阶段讨论过，但未取得认同，因为有相当数量的国家不承认企业有刑事责任。尽管如此，当国家签署规约，并将其对个人刑事责任的标准与国内刑事法对接，并且其国内法律体系也可以对公司进行刑事处罚，那么将针对个人的标准延伸至企业法人则是可能的。[9]现在还没有一例针对企业的在类似情景中的诉讼，但澳大利亚和加拿大的政府已经做出了初步调查。

治外法权

通过单边与多边的措施相结合，国家司法权的海外延展在反恐、洗钱、反贪、环境保护和儿童卖淫等问题领域，许多国际政策得到发展。但是，除去上述类型的极端案例，其他领域的人权维护仍然受限。[10]

各类联合国人权条约所暗含的治外法权含义各不相同。例如，惩治种族屠杀行为公约就没有司法权限制，因此原则上没有可以适用的。与之相应，尊重与保护《公民权利和政治权利公约》的国家责任就被明确地限定"在其领土内受其司法权管辖"。最后，《经济、社会和文化权利国际公约》包含这样一个条款，每一缔约国应"尽最大能力，单独或经由国际援助和合作，特别是经济和技术方面的援助和合作，采取步骤，以便用一切适当方法，逐渐达到本公约中所承认的权利的充分实现"。各国政府通常将此看作一个号召：对发展中国家提供经济和其他形式的援助。

联合国条约机构通常相对较少地关注涉及企业的问题。他们的总指导原则建议各条约不要求国家在公司侵害方面实施域外司法权，但他们通常也并不禁止国家的这类行为，如果具有公认的司法基础：比如，如果行动方或受害方是公民，如果行动给国家带来巨大的不良后果，或者涉及具体的国际犯罪，就可以使用域外司法权。最近，经济社会文化权利委员会开始建议缔约国"应该"采取步骤去"预防他们的公民和公司"侵犯他国权利，特别是关系到食物、水源和健康的权利时。[11]绝大多数的国家没有将条约实体看作法源，但委员会更加关注域外法权义务问题标志着各方越来越关注不足的现状。

软法

多数国家将工商企业的人权责任更直接地定位为软法文

书。软法之所以"软"是因为它没法产生相应的法律义务。它的规范力量源自国家与其他社会关键参与者对社会期待的确认。国家可能转向采用软法的几个原因是:为填补漏洞或针对未来事项制定对应政策,依据国际法律秩序,他们现在还没有能力或意愿采用更强硬的措施;他们认为法律约束机制不是解决某些特殊问题的最佳工具;或者避免过多的约束措施以获取政治驱动力。

除去基础性的世界人权宣言,最著名的工商业与人权软法文书源自国际劳工组织和经济合作与发展组织。《国际劳工组织关于跨国企业和社会政策的三方原则宣言》最早于1977年得以通过,凭借劳工组织的三方确认体系获得了国家、环球雇主组织和工人组织的认可。它向各方宣告,包括跨国公司在内"应该尊重世界人权宣言和相应的国际公约"。《国际劳工组织关于工作中的基本原则和权利宣言》在1998年的国际劳工大会(劳工组织三方代表大会)上得以通过。它要求各成员国尊重并促进四个范畴的原则和权利:结社自由和有效承认集体谈判权利;消除一切形式的强迫或强制劳动;有效废除童工;消除就业与职业歧视。

《经合组织跨国企业准则》最初于1976年通过,在2000年重新修正(2011年的最新内容将在第三、第四章讨论)。在2000年的文本中,该准则推崇一种通用原则:公司"尊重受到符合东道国义务与承诺的企业活动所影响的人员的人权",而不考虑未经东道国确认的国际标准。准则也要求加入国设立被称为"国家联络点"的政府办事处,如遇在加入国经营或注册的跨国公司不遵循准则，任何人都可以在国家联络点提起"特殊诉讼"（即投诉），尽管其负面判决不具备官方影响。

总之，现行的国际法结构就是如此，保护人权的责任在很大程度上由国家承担而不是直接依靠企业。当然，人权条约只适用于正式签署条约的国家。近年影响力最大的硬法发展是使可能升级为国际犯罪的极端恶劣行为的潜在责任逐步延展至公司，通过能反映国际标准的国内法律执行。不过这一趋势是在国家强化针对自然人而非法人的法律制度过程中出现的一个预料之外的副产品，各国在实践中也存在较大差异。在英国、荷兰和加拿大辖区内都曾经发生不少对母公司基于国内法律对其提起诉讼的案例，因为他们资助或是疏忽而批准海外分支机构的有害行为，这类案例有时被称为"直接境外责任"。但总的来说，在法律层面上，工商业与人权管理存在巨大的治理缺口。最核心的问题仍是怎样最高效地弥补或跨越这一缺口。

Ⅱ. 准则

《准则》是国际上首次为开发对企业具有法律约束力的国际人权标准所进行的努力和尝试。人权委员会事前没有要求下属委员会（由各政府委派的专家组，但以个人名义和能力进行工作）制订草案，而且只有委员会才有采用草案的权力，但是委员会最终拒绝采用该准则。

《准则》事件的大体过程如下：世界人权宣言是针对所有社会组织的宣言，跨国企业也属于这类组织，其中部分企业甚至富可敌国，在实现人权方面具备更大的影响力，而且"有能力意味着有责任"；[12]因此，这些公司就必须对受他们商业行为所影响的人权承担责任。而且，因为部分国家不愿或不能基于国内法律要求跨国公司承担人权责任，那么国际法就不该像现存的人权体系这样仅仅对国家施加统一标准，还应该直接面向企业。关于侵犯裁决，《准则》建议在进一步法制化之前，由联合国人权机构监督企业，一旦发现虐待，就制订赔偿方案。

从政府和企业的利益角度考虑，他们不对准则提出异议才令人感到奇怪。当然，这些利益并不是我最看重的，而且如果这一建议合情合理的话，我也准备投赞成票。我对《准则》的质疑主要集中在5个方面：它包含了哪些人权？它认为什么人权责任属于工商企业？基于什么进行这种分配？有什么后果？依据什么法律理由？我发现每个问题都没有得到圆满的解答。

《准则》列举了其制定者们认为与工商业尤其相关的权利，包括非歧视原则、人身安全、劳动标准和土著居民的权利。但同时他们也准备将很多尚未得到全球层面国家认可的责任强加给企业，例如"基本生活工资"、消费者保护和环境影响预警原则。此外，文本还指出并非所有国际一致认可的权利都与企业有关，但并没有提供决定这些人权成立与否的原则基础。多数批评意见反映，这个人权清单过于大包大揽，为此一些准则的支持者建议设置一个更简短的"核心"人权清单以便得到最广泛的支持，令工商企业更容易接受。[13]但这一建议也引发了激烈的反对，他们认为核心权利这一概念意味着"背离了所有人权同等重要的国际人权体系"。[14]正如我们在第一章看到的所有事件中，工商企业几乎可以影响到各种级别的国际公认人权，因此，任何有局限的人权列表，就算其自称是广泛或基础的法律框架也会给实践带来不恰当的引导。

《准则》提出的企业责任分配方案是一个更严峻的问题。我们首先应该知道：依据国际人权法，国家是首要责任承担者。在准则的一般义务条例中附加着这样的内容："在他们各自的行为和影响力范围之内，跨国企业和其他工商企业有义务去促进，保证履行，尊重，保证尊重和保护"已经得到国家和国际确认的人权。[15]但这些责任与国家的完全相同，首要责任承担者和次级责任承担者的区别没有得到划分。而且作为给企业分配法律责任的基础，以"影响力范围"是难以行得通的。

联合国全球契约中曾经介绍过"企业影响力范围"这个概念，它认为这是一种空间隐喻，用来帮助企业思考他们在工作场所之外的人权影响，识别他们支持人权的机会，这是全球契约的目的。人权事务高级专员办公室后来发表了一篇文章，将"范围"一词形象地描述为一组同心圆：公司经营行为是圆心，向外一圈是他们的供应商、社区，最大的圈是社会。在逻辑上假设公司的影响随着圆圈的扩大不断衰减，企业相应地承担的责任也符合这一递减趋势。[16]

在法律语境中，关于"影响力范围"概念有三个主要问题。第一，强调临近效应会造成严重的误导。当然，公司应该关注他们对员工和周围社区的影响。但是他们的行为同样会影响到距离源头很远的人们的权利，例如终端用户的隐私权也可能被互联网服务商危害。但耐人寻味的是，《准则》没有特别列举这一权利。

第二，依据企业影响分配人权责任需要这样一个假设，用伦理术语表达为"能为意味着必为"。但是公司并不应该为受到他们影响并带来伤害的社会实体承担人权，因为这其中肯定有一些有害资源与他们完全不相干。同时，这一分配会赦免某些公司不良影响的责任，只要他们展示出他们缺乏影响力，即便他们与危害紧密相关也可以逃避责任。要求企业在具备势力影响的范围内自愿支持人权是一回事，这正是全球契约所做的；但是依据"影响力范围"将法律义务分配给企业，并要满足所有人权责任却是另一回事。

第三，"影响力"是一个关系术语，它服从于战略博弈的规则。我的意思是政府可能会故意放弃承担他们的责任——正如我们在卡哈马哈和尼日利亚的讨论中看到的——期待企业迫于社会压力而促进或履行人权。从企业角度看，他们可以通过建立一批空壳子公司，将他们的外在势力影响最小化，以便借此方式减少或逃避他们的责任。

简单地说，依据《准则》生效的企业责任边界是不清晰的，而且首要责任和次要责任的区别也并未定义。在没有指出特定视野和特定门槛条件下，企业责任实践似乎极有可能取决于各国和处于特定情况的各企业的承受能力——当国家没有能力或意愿去完成他们应尽的义务时，这一压力将由企业承接。但这样做后果又是怎样的呢？

人权法的学术权威人士菲利普·奥尔斯顿曾任联合国经济、社会和文化权利委员会主席，他指出一个两难的后果：如果唯一的区别是国家担负广泛的整套责任，而那些企业只需肩负"影响力范围"之内的相关责任……我们应该怎样确定后一种（义务）？难道壳牌在尼日尔三角洲的影响力范围不是覆盖了从健康权到言论自由权，再到确保人身安全和正当诉讼程序的所有权利吗？[17]

奥尔斯顿提醒大家注意：这种方式会破坏企业的自主权、风险承担和企业家精神，而且，试问"企业承担所有约束、限制和明显属于政府的责任，会得到什么结果？"[18]如果仅根据简单的划分，企业或许是一种"社会组织"，但它们又是一种特殊组织，为实现特殊的经济功能而设立，将责任强加于它们时一定要确认这一事实。

《准则》的影响还体现在它给明确政府的作用和义务方面带来相同的困境。国际人权体系确认政府的合法需求，通过"逐步实现"的限制性条款，通过权衡利弊和平衡决议来判别，特别是决定怎样更好地"保证实现"最受企业影响的经济、社会和文化权利。依据国际法将全范围的人权责任强加给跨国企业，包括落实权利，事实上将降低单个政府自行做出平衡决定的自由度。《准则》做着一些不切实际的尝试，违反事物本性地要求企业与国家一样享有法律和政策优先权，但这对相应的企业而言只是徒添自相矛盾的法令。同时，准则的另一个要求也被彻底反驳，它要求企业不论处于何处都要提供最佳防护标准。此外，若国家治理能力薄弱便将义务转向企业，由企业负责保护甚至履行各种层次的人权，这一做法可能会削弱那种促使政府更为积极并更具责任感地对待公民的政治激励——而这种激励才是实现人权最有效的方式。

最后，《准则》提出的法律索赔与辩护令多数观察者们感到困惑，包括主流的国际律师，这类内容引起了进一步的争议。《准则》的主要制定者将它形容为"对适用于企业的国际法律原则进行的一次重申"。[19]他们还是希望将全范围的人权责任强加给公司，并且以国际法为依据直接进行推进。更有甚者，他们还要求重新制定一个国内公司法体系，从实际上以广泛的"利益攸关者"模式取代在很多国家占主体地位的"股东"受托责任模式。无论这些改变有什么内在的优点，它们都相当于对现存法律进行了一次根本变革，而不仅仅是一个重申。正如法学教授约翰·诺克斯后来写到的"该准则的倡议者们有时看来对他们想实现的国际法变革规模一无所知"。[20]

同样，《准则》被描述为同类第一个国际级倡议，其本质并非自愿但又从某种感觉上自动对公司产生约束力。《准则》令人权非政府组织满意，却令政府和工商企业感动震惊，没有一个政府间机构对其表示赞同，也没有一个政府正式签署该准则。《准则》随后被停止采用，制定者们只是指出如果该准则能以条约法或国际习惯法的方式生效，那么即使公司不签署它也仍然受其约束，就像他们受自愿倡议约束一样。联合国人权委员会基于可能发生的混乱发表了一个正式决定：该准则不具备法律效力。

这样，即使不提让未知且非特定的实体去保证世界范围内的受害者赔偿，也撇开除非政府组织领域之外所有政体的一致反对，我仍然发现准则确实有严重缺陷。2005 年 12 月，我在伦敦的一次讲话中和与非政府组织负责人的一次私人会见中明确表示了这一保留态度。其后不久，迫于之前我必须"依赖"以《准则》为"处事基础"的压力，我收到了一封来自某组织的电子邮件："我们对你是否在汇报中对联合国准则发表立场非常关心……我们认为这么做会使你的工作成果受到不必要的损失"。[21] 时至今日，事情已经非常清楚，只有与《准则》一刀两断才能使我的任务从它造成的阴影中摆脱出来。而且，以时位科菲·安南演讲撰写的爱德华·莫蒂默的话来讲，我犯下了"准则杀手"的"罪行"。在我给人权委员会第一次的报告中，经过深思熟虑后的我用绝非外交辞令的语言做出了如下评判：该准则充满了"夸张的法律索赔和概念歧义"，其内容"淹没在自身的过多教义中"。因此，我又写道，《准则》"对我的任务推进而言，造成了更大的精力分散而不是提供了一个值得利用的基础"。[22] 尽管如此，准则的缺陷和倡议的非理性回应牵动了各方，提供了实质性和政治性的见解，对我的任务进展非常有益。

毫不奇怪，强烈支持准则的人权非政府组织非常不快。"'有原则的实用主义'还是彻底的对立？"在一封简报中出现了这样的头条消息。[23]国际法学家委员会（一个总部在日内瓦，推进法治的非政府组织）随后多次召集人权先锋组织开会，其中包括人权观察和国际特赦组织，以商讨脱离我的任务的可能方式。在2007年，非政府组织自发重启了项目，在人权法律师的专业支持帮助下草拟一个新文书修改《准则》的缺陷，并向"友好的"政府推销它。但这一举措仍然没有得到任何结果，那之后公众对《准则》的引用也越来越少。

得知《准则》不会在我的任务中起主体作用之后，商业协会和多数政府十分宽慰。双方开始严肃地面对我的陈述，我将选择一个以证据为基础的严密的方式，寻求实际的解决方案，而不是受理论偏好驱使。这打开了一扇与商业社会——即个体公司和商业协会建立约定的大门。与此同时，又有一批国家开始对我募集基金的需求做出善意回应，我的任务需要一定量级的资金以支撑我组建一支专业团队，进行必要的调查，广泛地咨询受影响的个体和社区，以及其他利益相关的组织和专家。

随着准则问题的解决，我的对话者们将注意力转向了一个更常见的问题：我到底是赞同"强制"还是"自愿"手段。这是本末倒置的，我解释过，我们应该首先聚焦于应该做什么，然后再确定操作形式。然而，作为任务最初规划的一部分，在接下来的工作中我转向了对以下两种方式相关的可行性和功效的评估：是进行广泛条约磋商，还是促进自愿倡议。

Ⅲ. 条约路线

看完第一章的经典案例后，人们最正常不过的反应就是：必须立法，必须立国际法，必须有一个约束全世界所有工商企业的整套通用标准以保护所有人权。国际标准逐步发展为有相当数量的国家签署，并对加入国具有法律约束的条约；或者，它成为国际习惯法的一部分——各国的实施具备已确立的模式，且基于法定义务，而不仅仅因为私利或行业规范。但习惯不能以意愿确立，寻求确立工商业人权约束标准的方式渐渐落实为发布国际协商条约——不论条约试图将义务施加给国家还是直接施加于公司。推进这一范式是联合国人权体系的核心目标：确定新标准的需求，草拟文书，创立保证其被采纳的程序，对其进行注释，推荐各国遵守。这也是许多国际人权组织的核心目标，是他们的道德和制度承诺。

但是人权倡议组织在《准则》被否决后对建立国际法律文书没有任何特殊建议。例如，国际特赦组织的新立场，体现在当时的秘书长艾琳·汉发给我的一封信中，她一如既往地声称："建立国际法律标准和企业对人权的法律责任。"[24]这些标准和责任包括部分已经得到国际公认的权利吗？或者包括全部？如果是后者，针对每个国际公认的企业侵犯的人权，其不良行为的范围将从拒绝支付加班工资一直发展到参与私刑杀人，就这些复杂的不良行为类别建立全球通用的法律标准能否从道理上讲通？或者，新建的国际法律文书可以将某些权利优先处理，那么公司责任服从其国内法律还是直接受辖于国际法？如果是后者，这是否需要为公司建立专门的国际法庭，或通过国家来强制执行？这又衍生出新的问题，不是所有国家都签署了针对国家侵犯的全部人权条约。从我声明摆脱准则干扰起一直到执行整个任务的过程中，倡议组织从未直面这些相关的基本问题，但我认为必须面对。

对预期做出评估之后，我简单地设想了当时尚不存在的条约协商基础，至少衡量了广泛的法律框架。继而发现，这一结果不但对当前涉企人权伤害的受害者帮助甚微，而且在国际上强制进行不成熟的合法化进程只会使这一项目的进程倒退而无法获取进展。最后，条约即使极为偶然地得以通过，它也无法承载倡议者在起初评论注释中所暗示的希望和预期。我将在接下来的段落里解释原因。

基础

人权条约总要耗费很长一段时间去磋商和生效：通常，它涉及的领域越广，主题越有争议，持续的时间也就越长。确实如此，即使是针对相对受制主题的软法文书，类似已发布的《土著人民权利宣言》都花费了 26 年时间去磋商，这还仅是广泛的工商业与人权大量需要涉及的问题中的一个单项。因此，就算条约磋商真的有一天能得以开展，我们更急需的仍是针对现存问题的处理方案。联合国人权高级专员路易斯·阿伯尔，在2008年曾这样概括："不考虑磋商时间的漫长和同时期不断发生的更多（针对受害者）损失，一味推进具有法律约束的准则，很明显是过于激进的。"[25]但是为什么不能从制定条约开始就伴随着短期同步实践？当我根据这个思路考虑问题时发现了四个障碍。

第一，关于工商业与人权的议题对各国政府来说仍是个相对较新的领域，除了"我们必须考虑为这一问题有所作为"，各国政府没有更多的共识。最典型的例子是，各国政府最初将我的任务限定为两年，异于通常的三年任期。而且他们给我制定的最初任务也只是"确认"和"澄清"这些事项：全球适用标准、最佳实践案例和一些关键概念的意义，例如人权虐待中的企业共谋、企业影响力范围等。在工商业与人权领域，没有太多能在国际范围内引起一致认同的共同认识。过去，政治联盟多以南—北或东—西轴向形成，尽管这类结盟从未对跨国企业造成显著实在的效果。[26]但现在这种可能性也不复存在了，这要感谢那些新近迅速崛起的跨国公司，他们创建于新兴市场国家，类似巴西、中国、印度、印度尼西亚、马来西亚、俄罗斯和南非，这些国家力图保护本国的跨国企业，正如西方发达国家保护自己的跨国企业一样。由此新兴市场国家与发达国家之间有了更大的理解，并且从下到上一致发现了建立规则的必要。

第二，现在盛行的政府关于工商业与人权的制度安排和实践，仍然是妨碍工商业与人权条约进程启动的不利因素。我的调查包括一份发给联合国所有成员国的问卷，结论指出通常负责工商业与人权议题的职能部门都是规模较小的中级单位，多隶属于外交部门，也有些隶属于经济部门。相比之下，大量以促进或保护工商业利益为职责的政府实体则永远规模更大，而且明显具备更强大的制度影响力。通常，这两个部门互相隔离而存在。只有发生重大事件和危机时，片刻的觉醒才能使工商业与人权问题成为政府的重要议题。例如，南非震惊地发现，因为《黑人经济振兴法案》中的若干规定与他们曾经签署的双边投资协定发生抵触，使得来自意大利和卢森堡的矿业公司以财产损害为由将南非政府告上了国际仲裁法庭，这也许是后殖民政府通过的最著名的人权立法内容。这导致了一个正式的质疑：政府是怎样将自己置于"企业负责人未被充分告知"的指控中的？投资协议与人权的联系或是未被考虑，或者就是刻意忽略。[27] 根据这类事实，工商业与人权条约的协商进程看来很容易被以人权为代价的商业利益所打断。政府关于工商业与人权出现了一种我称之为"同层政策抵触"的状态，我们必须确认并理清这一状态。

第三，当国家勉强决定有所作为的时候，他们总是企图以正在进行条约协商作为不采取其他重要步骤的借口，包括当国内社团迫使他们修改国内法律时——他们就辩解说不想抢占最终条约结果的优先权。再者，在磋商过程中，任何针对其他步骤的建议都会从它对最终条约协商的战术和承诺的含义角度去考虑，于是它的实验范围和革新性便大打折扣，可这又恰恰是政策范围所需要的。有反驳观点认为"在法律的阴影下"，讨价还价会产生意想不到的结果，但这种情况发生的前提只有一个：有实际意义的法律措施即将被采纳，而且是指日可待的被采纳。

第四，即使那些在人权问题上最为激进的国家，类似瑞典，主张直接依据国际法将广大范围的国际人权义务施加给公司，一样会担心国家的根本角色和责任被削弱。这使我们联想到需要对国家和工商业各自的义务进行一次明确的区分，确定他们各自行使的社会职责，而不应像《准则》那样将二者混淆。这一做法将取得显著的效果。

简而言之，对任何条约协商来说，这也许都是个看似不祥的起点，需要花费大量的时间和精力却收效甚微。但是，情况并非总是一成不变的，对更多的和工商业与人权条约实施相关的基础问题有所认识并做出充分的回应，是十分重要的。据此，我考虑以下三种情况：普遍的人权条约效果，工商业与人权条约怎样生效，以及怎样处理源自不同国际法法体的冲突义务这一政府想要避免或解决的问题？

有效性

人权条约在不断变化的具体行为中怎样生效？效果如何？是否应该制定更多的人权条约？这些都是很大的问题，一时难以得出简单明确的答案。在过去十年的系统化实证研究中，我曾经对国际人权条约的签署是否以及怎样改变了签署国的行为进行了评估，在此我向大家简要地总结一下其中几个关键的发现。这些研究主要聚焦于政治、公民权利和人格完整权（例如禁止宗族灭绝、刑讯逼供），以及妇女权利和儿童权益。尽管研究中使用的不同方法会得出不同结果，但研究得出同一个事实：人权需求最高的国家，人权条约的有效性反而最低。[28] 再者，只在很少数的案例中，条约签署强烈有效地促进了国家行为的改善，但这并非普遍规律。

统计来看，因签署条约产生积极效果的国家通常具备以下一条到多条特点：至少是部分民主的国家；有强大的公民社会制度；相对政教分离；有实际存在的法规承诺和功能良好的国内法律制度；以及通过外部激励机制促进某些特殊权力（如禁止使用童工）的保护，例如对参与国家提供发展援助或特惠贸易协定。相同范畴的权利保护，其效果可能完全不同。例如，签署相关的保护条约之后，妇女的政治权利明显比社会权利得到更有效的保护，减少童工也比增强儿童基本健康保护做得更好。另外，该领域的顶尖学者们在最近的评估中推断：因能力局限难以实现承诺的国家"在当代国际体系中远比我们所知道的还要多。"[29]

如果所有承诺都能得以兑现，那么条约签署将产生一种间接作用——它提供一种可能方式，调用内在与外在压力共同反对人权伤害——这可能会与正式进程具有同等的重要性，使承诺守约变成必须遵从。就跨国企业而言，是否具有其他制衡因素在最初条约协商出现挫折时能起到相同功能。我们在之后的章节中再详尽说明确认这一相同功能的制衡因素。

强制执行

我们已经认识到联合国人权条约缺乏一个强制执行的国际机制。在工商企业方面，特别是针对跨国经营的企业，执行过程中面临哪些其他挑战？少数观察家相信在可预见的未来，建立针对跨国公司的国际法庭是现实的而且指日可待的。就当下而言，执行主要依靠东道国和/或母国，联合国的"监管"和任何现存的社会遵约机制。

东道国是这些公司的运营所在国。正如我们之前讨论的，如果东道国已经签署现有的人权条约，他们就有义务遵循条约，在其司法管辖权内保护个体不受人权侵害，不仅政府机关有此义务，第三方也难逃其责，比如工商企业。采用一个强有力的工商业与人权多边条约可能会给这类国家一个更大的动力去执行他们的责任，减少集体行动的问题。但是就当下环境而言，多数政府对企业相关的国际人权责任不论在本质上还是在范围方面都知之甚少。当然，那些尚未签署现有人权条约的东道国也就没有相关条约引发的责任——他们为什么需要签署新条约来要求自己执行责任，这不是不言自明的。从本质上讲，这意味着给东道国强加了一个既多余又不相干的强制义务。

母国是这些公司的"定居地"，也就是集团和总部所在地。迄今为止，在工商业与人权领域，母国通常更多地担心"他们本国"公司的竞争环境，而工商界依然强烈反对治外法权。再者，即便是明显关注跨国公司力量的发展中国家通常也反对其他国家干涉他们本国的事务。在后面的章节中，我们会讨论在什么样的方式和环境中，母国能通过对受他们司法权管辖的企业采取某些行动，规范国外的人权伤害，并不引起东道国的严肃抗议。但通常情况下，在所有公司造成的人权问题中，各国政府依然无法接受治外法权。因此，在当前此类活动所允许的范围内，过于积极地推进治外法权可能会事与愿违，反而进一步降低各方本已有限的行动意愿。

联合国的工商业与人权条约可能会和其他此类条约一样，建立一个条约机构以监督和指导条约实施。条约机构依靠条约提供的支持，要求成员国定期向委员会汇报在其所辖地区涉企人权侵害的处理进程，或由成员国直接要求工商企业汇报。不论以上哪种情况，委员会将像其他条约机构一样发表评价和建议。如果由国家承担汇报责任，可能会有很多国家缺乏胜任的能力，正如他们当前在汇报国家相关义务时表现的那样。而如果汇报工作由公司直接完成，那么可能国家要将此作为公司强制执行的义务——这又回到了我们前面段落中曾讨论过的强制执行问题。而且，条约机构面对的海量数据是令人恐惧的。已有的这些委员会尚且无法持续监管有限的缔约国，尽管每个委员会只需处理某类特定的人权或某个受影响的团体。一个条约机构怎能应付浩若烟海的工商企业、各色被影响到的人群和各种被影响的权利，这还不清楚。唯一清楚的是，他们需要其他的权威"监督"手段。

最后，如果制定的条约上限过低会造成新的风险。想象一下这个情景，倘若在我执行这项任务初期出现了一个包罗万象的工商企业和人权条约，那可能是一个上限非常低的条约，这将对社会责任机制产生潜在的不利影响。一旦意识到条约的标准过低，企业所承受的外部压力便无法促使他们成为社会责任的先锋，去争取达到最高自愿水准——此类压力主要来自非政府组织、社会责任投资基金和消费者组织等——人权保护可能会变得更为低效，因为这些公司有理由回应道依据新实施的国际法他们已经履行了全部责任。如果低标准条约仍然无法被足够的国家签署，并像法律一样进行强制执行；或者所需签署条约只有最低限度的要求，而且只有少数或不占多数的跨国公司母国参与，那么失去社会杠杆这一制衡因素则影响更大。

对上述问题的关注并不意味着我们打算放弃当前的国际人权机制。相反，这意味着应该确认更多的附加方式去预防伤害，提供必要的补救措施。另一个同样需要强调的问题是：所有国际条约系统的一个共同特性，而且这一特性在人权领域得到的关注过少，即：现在呈现出国际法律秩序碎片化的显著趋势。

法律碎片化

国家同时服从于多个国际法主体，比如投资法、贸易法和环境法，也包括人权法。当国际法律义务发生冲突时，国家该何去何从？人权话语被定义为以权利为基础的等级体系责任——这意味着人权不仅是道德意义的一张王牌，如果能够出台足够的国际法律作为工具，人权在法律意义上也可以是一张王牌。这种信念正是寻求额外合法化的动力之一。但是，近年的国际法实践仅部分地反映了这个等级体系，我们将在下面讨论。更常见的情况是权威的国际法委员会和一篇新兴的学术文献所发现的最近十年间国际合法化有一个主导趋势，即"国际法碎片化"，将国际法拆分为割裂、自治的层次。联合国大会曾经发表过一篇很有影响的报告，国际法委员会认为在国际法律秩序中，"并不存在可利用的同质分级的元系统"能解决各种条款无法兼容的问题，包括司法权交叠的不同法庭依据完全相同的事实做出不同的判决。[30]这种结果通常被描述为"制度冲突"。

我们来举例说明这一现象，20世纪90年代，阿根廷开始了居民供水系统的私有化进程，与某国际供水公司签订合同，由他们提供此项服务。其后，政府否决了该公司提高水费的申请，尽管公司认为提高水费缘于阿根廷比索严重贬值及一些其他成本增加。公司根据阿根廷已签署的双边投资协定将争端提交国际仲裁法庭。在听证会上，阿根廷先于其他辩护，着重强调在其司法辖区内要履行保证人民饮水权这一义务，因此否决了水费涨价。国际法庭审理该案件时，赞同公司方的意见并得出结论如下。

本庭收悉阿根廷与法庭之友的建议，阿根廷对保护其人民的饮水权肩负着不可推卸的责任，该责任在某种程度上超过了基于BIT（双边投资协定）的责任，人类健康饮水权的存在使得阿根廷政府有权无视BIT确定的责任。但不论依据双边投资协定还是国际法，本庭均未发现此结论的法律依据。阿根廷应遵守所有国际义务，不论人权责任还是协定责任，对两者必须同等尊重。[31]

换句话说，国家必须自行寻求协调多种国际法律义务的方式——其中若干义务可能涉及人权。

从概念而不是从实践角度讲，法律碎片化问题的唯一例外，就是被称为"强行法"或"绝对法"的法规类别，以此命名那些在任何环境中都不会失效的国际通用法律准则，它们优先于任何相抵触的准则，包括契约的规定。[32]虽然还没有确认的法规清单，人们通常认为强行法包括禁止以下极端恶劣的行为，类似种族灭绝、战争罪和其他反人道罪行。然而，在日常层面的不同法体之间，"强行法不适用于'普通'价值的冲突"，例如在促进自由贸易和保护环境之间——因为多数这类冲突不会升级到危险级别。[33]同样，强行法这类法规也不会围绕广泛的涉及企业的"普通"人权伤害，所以它很难同我们实现更多构想。

简言之，在全球层面没有法律规范的等级体系能想当然地超越强行法准则。因而工商业与人权的条约也很难解决在阿根廷水案中体现出来的"制度冲突"。两位权威法理学家说："法律碎片化无法自我战胜，充其量只能获取一种兼容碎片的弱规范。但是，这依赖于建立特定网络的逻辑能力，能对发生冲突的各法规单元产生宽松的链接影响。"[34]换句话说，要尝试调解国家基于不同国际法的冲突责任，这一任务只能通过实践实现，唯有如此，客观条件才得以更确定，更容易结合实现更大的"规范兼容性"。《指导原则》就要应对这一挑战。

　　总之，国际法有一个重要职责，就是建造一个功能良好的全球体系去管理工商业与人权。但我认为推进一个包罗万象的企业责任全球法律框架并不是我此项任务的结果性目标。目前状况是基础匮乏，问题复杂，国家抵制，只有短期利益又构成长期风险，而且不论最终结果如何，都需要很长的时间才能实现。因此，任一事件都需要"临时"措施。这个结论将我推向了司法范式的另一极：唯自愿论。

Ⅳ. 自愿行动

　　20世纪90年代，企业社会责任（CSR）行动在工商业很多行业中兴起。关于这一趋势的详述在第一章有关耐克、博帕尔、壳牌的每一个案例中都有讨论。这一过程中产生了大量关于公司的抗议运动和诉讼，然后，他们开始依次采用商业准则或行为守则，发誓遵守责任实践。再有，前言中曾提到，20世纪90年代，政策普遍向依赖市场机制转移，在工商业与人权的某些领域，国家更支持自愿的企业社会责任行动，而不是强制性规范。

起源

　　企业社会责任脱胎于企业慈善事业。随着企业开始对经营所在地进行社会投资，慈善事业本身就会随时间变迁愈发具有战略意义。依据行业不同，这可能包含建立工人住宅、社区健康门诊、学校，以及修建道路，或是将附近的小镇和山村与企业的电网相连或供应饮用水。随着时间的推移，这类行为还会扩展到增加本地采购和培养本地供应商。至此，企业社会责任形成了两条主线，分别关注工商企业的机会和风险。考虑到机会，社会企业家们从小微型企业开始试验，例如消费贷款和移动电话或其他形式的所谓"金字塔底层市场"或"具社会包容性的工商业模式"。[35]最近，哈佛商业大师迈克尔·波特又提出一个宏伟的战略——"创造共享价值"，公司"在确定社会需求和挑战之后，以创造社会价值的方式"为自己创造经济价值。[36]而我的任务则主要围绕不那么吸引眼球的企业社会责任部分：由企业行为引起的风险或社会不利影响。

为应对这类风险，企业开始接受自愿标准和验证方案。这早已超越了地方法律规定的要求——事实上自愿标准和地方法规还有可能相互抵触。南非的反种族隔离运动开启了前奏，一位来自费城锡安浸信会的美籍非裔牧师利昂·沙利文牧师长期倡导公民权利。1971年，他刚刚被任命为通用汽车董事会成员。那时，通用汽车是南非最大的黑人员工雇主。作为从该国撤资之外的另一个选择，沙利文制定了一套行为准则，也就是著名的沙利文原则。该原则被超过100家在南非经营的美国公司采用。该原则要求那些公司在其工作环境中消除种族隔离，相同工作之下不论种族同等待遇同等薪酬，培训非白人员工获取更好的职位，增加黑人员工在管理层的成员数量。

为海外供应商制定的企业单方面准则在20世纪90年代前期推出，盖普和耐克在1992年开始采用。开始是组建内部审计组去调查承包商是否遵守准则，渐渐形成了社会责任审计行业。当其他同行业公司加入后，企业单方努力很快成为集体遵守倡议。化工行业最早产生变革，这种变革在很大程度上是对博帕尔事件的回应。20世纪90年代后期开创了多利益攸关者推动组织，最突出的例子是针对某些运动鞋和成衣知名品牌，公平劳动协会（FLA）对他们的供应商工厂环境进行了监督和促进，包括耐克、彪马、菲力士集团（Phillips Van Heusen）和巴塔哥尼亚（Patagonia）；还有社会责任国际组织（SAI）创立的认证体系，为各种行业的所有设施提供遵从认证。公平贸易方案确保产品在符合社会和环境标准的环境中生产或成长。公司也开始采用更多系统化的手段配合全球及地区层面的外界利益攸关者，令他们更好地了解运营环境，建立相互信任，避免意外。

在20世纪前期，公共与个体倡议并行发展。在涉及工商业与人权领域的倡议中，最著名的要数"金伯利进程"，它试图通过认证和防篡改包装系统截断冲突钻石的流通。采掘业透明度行动计划由石油、天然气和矿业公司一致认同发布，他们向东道国政府支付费用，东道国政府针对相应收益发布若干透明标准，希望借此减少腐败；《安全与人权自愿原则》规定对采掘业用以保护其资产的个人、公共保安力量进行审查、培训和汇报。联合国全球契约成为企业社会责任的指导纲领和学习论坛，也为公司管理社会和环境问题提供了工具。

现在，绝大多数跨国企业和多数其他工商企业都参与一个或多个企业社会责任倡议。正如在本章开篇所提到的，工商社团在主要国际商业协会的引领下，急切地期待我能在任务中提倡与支持在工商业与人权领域进一步发展自愿倡议，并能确认与传播最佳实践案例。相反，很多人权组织曾经并且仍然在明确地怀疑这些倡议，因为其源于自愿，没有法律约束性，而他们认定倡议只能使企业改善表面形象而无法改变他们的行为。

概况

正如分析条约路线所做的相应步骤，我假设自愿倡议是推进工商业与人权项目的最佳总战略，并以此为出发点进行评估。但实证数据较为零散，至今仍没有全面的学术研究。因此，2006 年至 2007 年间，我承担了三个科研项目，第一是对环球 500 强公司进行问卷调查；第二是基于网络，对来自多个地区涉及众多行业的 300 多家公司进行一次网上调查，了解企业社会责任政策的真实状况；第三是专门通过网络调查了 25 家主要的中国公司的政策，包括使用中文进行调查，得到英语世界无法获得的信息。[37]我想知道假如公司采用人权规定将会造成何种后果，假如存在跨地区和行业的模式将会带来何种改变。调查很难详尽无遗，也不存在代表"平均水平"的公司，我只能基于有效的基础数据得出结论。

那时，只有很少的公司被认定为具备完整的人权政策。在 500 强调查中我们收到了 102 家公司的回复，几乎所有公司都认为他们将一些人权因素并入了他们的企业政策和实践。工作场所问题依然是首要问题。所有应答者都认为无歧视是企业的核心责任，这至少意味着员工可以依据实力进行招聘和提升。公司还频繁提及工作场所的健康和安全标准，大约 3/4 的公司声称他们确认员工的结社自由和集体谈判权力，禁止使用童工和强迫劳动，并尊重了隐私权。理所当然的是，工作场所问题仍主要出现在制造业领域，社区关系问题主要出现在采掘行业。事实上，涉及广泛行业的 300 家公司样本大致重复着 500 强企业的模式，但在承担责任方面明显处于更低的层次——公司规模的确会造成相应的问题。

关于公司援引什么标准制定内部准则这个问题，国际劳工组织的声明和公约位居榜首，其次是世界人权宣言。联合国全球契约也被提及，只是更概括地提到国际劳工组织的劳动标准，它的人权原则非常笼统，只是简单要求企业"支持并尊重人权保护"，不得与任何他人合谋侵害人权。经合组织跨国企业准则也被引用，但它涉及工商业与人权这一话题时只是将企业人权责任与东道国人权承诺联系起来，没有制定任何国际标准。总之，没有一家企业仅仅是文字上"接受"国际标准，取而代之的是他们宣称"支持"和"受到的各种倡议文书准则的影响"。这会带来弹性解释空间：在某个公认的极端案例中，我发现某公司守则中试图将"对涉及双方利益的问题应与员工开展对话"变为该公司版本的

"结社自由和集体谈判权"。像公平劳动协会和社会责任国际组织这类主要推动组织的标准几乎相当于甚至超过了国际劳工组织标准，但参与的公司数量却更少。

不考虑停留在口头的天赋人权，公司母国的政治文化看来也能影响到其认可的权利。欧洲的跨国公司与美国同行相比更注重健康权和获取充足生活标准的权利。这些欧洲跨国公司也更注重确保那些人权政策延伸出工作场所，包括其业务影响的社区。美国和日本公司倾向于只承认较为狭窄的权利范围和权利享有者。在 25 例中国公司中，认可最广泛人权的企业只有 5 家，而也只是在发展对人权的认识，还是少于西方政府和企业认可的人权。[38]此外，即使是同一东道国从事同一行业的公司，所属的细分市场不同也会影响其人权政策。例如，500 强公司的调查显示，它们普遍在进行某种形式的供应链监管。各种迹象表明，像耐克这样的知名品牌，依靠商誉销售，所以更倾向于在供应链标准和协议中实现更大的监管抱负；而廉价品牌，比如沃尔玛则不是这样，对它而言价格至关重要。据中国、孟加拉和洪都拉斯的生产商说，因为同一供应商为不同品牌提供生产服务这一现象并不少见，同一工厂会雇用不同的工人，因此他们也许会依据不同的标准进行社会责任管理。

这些公司怎样评估和汇报它们的人权影响？1/3 的 500 强公司负责人宣称他们依照惯例将社会和环境影响评估纳入了他们的人权标准，尽管据我所知，那时只有一家公司曾在一个重要项目中做过全方位人权影响评估（英国石油在印度

尼西亚巴布亚省的一个液化天然气项目计划中）。大多数
500 强企业负责人回答说他们有跟踪表现的内部汇报系统，
3/4 的企业负责人表示他们还向外界提供报告；其中，不到
一半的企业利用如全球报告倡议组织（GRI）这样的第三方
中立机构，根据它们提供的细节模板进行汇报，或运用要求
更少的"全球契约进展通讯"。其余企业只是在它们的内部
网站或企业内刊上发布不同形式的描述报告，加些微笑的儿
童照片进行装点。这一领域同样表现出国家区别：欧洲公司
比美国公司更喜欢提交对外报告；日本公司紧接在这两个地
区之后；在所有中国案例中，只有两家提到了报告。

我也征询过关于利益相关者的问题，多数 500 强企业的反
馈显示他们在实践时会与外界利益攸关者（external stakeholde-
rs）一起制定和实施人权政策。美国公司在这方面与欧洲和澳
洲公司相比稍差一些，也许因为在美国公司法和文化中，"股东
（shareholder）"的模式通常更为深入人心。日本公司再次步前
者之后。除了中国公司和日本公司，在其他国家的公司中最常
提及的外界合作伙伴是非政府组织，行业协会同样被频繁提及；
接下来是像联合国这样的国际机构，但除了美国公司，它们将
联合国列在最后，甚至排在工会和政府之后，这也大体反映出
美国政治文化面对国际机构的冷淡态度。

评估

这些关于当时情况的调查表明了什么？首先，这体现出
一种令人振奋的趋势。更值得注意的是，这一图景在十年前

几乎是不可能的，因为几乎无样本可采。自愿倡议不仅被迅速理解接受，它涉及的范围也在不断扩展。例如，当服装业的领导品牌进行供应链监管时，它们开始只关心那些进行裁剪缝补的工厂，然后逐渐发现需要进一步督促布料和纺织品工厂、纽扣和其他配件生产者，直到最近才开始去确认棉花种植田的工作条件。自愿倡议也扩展到了金融领域，在银行进行贷款项目之初，开始要求借方提供项目社会和环境影响的相关证明。

还有另一个令人振奋的发现，在 500 强调查中，采用人权因素政策的公司中只有少于一半表示曾经亲自经历过问卷中所描述的"严重的人权问题"。这说明规范的扩散效应和公司开始通过他人的错误进行学习。无疑，随着企业社会责任成员在公司中的迅速扩展，校正和协助公司的非营利和营利服务提供商也在不断增加，如社会责任投资者、大型的公共部门补助基金等，像全球契约和其国家网络这样的实体宣传活动也会越来越多，尤其在关键的新兴市场国家。

很明确，自愿倡议是建立人权保护机制的重要力量。但调查也指出，在工商业与人权领域，所有基于公司的倡议都达不到成为独立方式的要求。尽管增长迅速，各倡议的参与者仍然很少。除了少数例外，对多数公司来说，对人权不利影响带来的风险的管理仍然没有上升到战略高度；大多数还处于反应模式中，只是对其所经历或目击的外界发展做出反应。再者，通常企业不仅决定它们选择哪些人权标准，还决定如何规定，这些主要受它们主体市场和细分市场的表现以及东道国被波及人群的需求所影响。对确保遵守自愿标准而言，外部问责机制的作用微乎其微，或者说根本没有。通过和公司员工的广泛讨论，我也发现从整体上说，企业社会责任行动并没有与核心商业功能更好地整合。总之，不论依靠什么手段，基于工商企业的自愿倡议都很少对个人和社区产生影响。

在供应链环境中，同一工厂中对不同工人依照不同规则进行管理，这一事实本身就很奇怪——即使任一规则都远胜当地通行标准。这种管理方式会造成工厂责任的加倍暴涨，令供应商一方产生"审查疲劳"，而可能的原因之一是他们装作同时遵守不同的规则，这就要训练工人和经理怎样回应不同的审查询问。进行这一调查时，多数企业，包括很多大型零售商，如沃尔玛、特易购、家乐福和米格罗，开始进行规则合并以避免这一状况。与此同时，一些像公平劳动协会这样重要的倡议组织发现自发的供应链监管没有显著提高工厂层面的表现。因此，增加对管理人员基础人力资源技巧培训的投入，暂时不提供人权方面的培训，也十分必要。事实上，这些组织发现提高表现行为的能力建设包括需要更多资源和更好的公共劳动者监察员。

再者，一些走在前列的品牌进一步将它们的企业社会责任范围扩展和深化到所能触碰的所有领域，例如，从供应商到数以千计的棉花农场和数百万的农民，这样企业的任务也变得越发庞杂。这至少需要扩大与其他品牌的合作，但这种行为绝非易事，因为此类公司彼此互为竞争者，还需要与公共政府加强合作。这样一来，采掘行业作为一个整体在学习曲线上远远落后于其他行业。

总之，自愿倡议迅速形成，逐步发展，已经包括了好几个方面的人权。像国际法一样，自愿倡议为人权体系得以通过这个总目标提供了必要的构件，更有效地避免个人和社区遭受涉企人权伤害。但我的调查显示，自愿倡议有显著的系统性局限，因此，可能无法仅凭借它们弥补工商业与人权方面的治理缺口。但，尽管如此，与条约路线一样，劣势分析让我们明确了如何去改进：简单地说就是发现促使更权威的指导进入市场实践的方式。

2007 年，在我进行基础思考的尾声，我向人权委员会建议："没有某种银子弹能一举解决工商业与人权问题。这需要通过所有相关因素的一系列措施来解决。"[39] 但是，我补充到，那些措施必须在不断递进的进程中，假以时日，逐步生成。委员会将我的任务期限又延长一年，邀请我做出特别建议。

V. 结论

关于选择"强制"方式还是"自愿"方式的争论曾引发了一场国际级的政策僵局。尽管必须面对的是任一方在任何时候都无法很快弥补工商业与人权方面的国际惯例缺陷。现在我受官方邀请去寻找一个向前推进的方式。对两种方式进行评估之后，我所得到最重要的教训是：要获取新的治理动力，需要公众与私人治理体系共同起作用，即公司与公民一样，各具不同的价值，互相取长补短，互相强化职能，一个包括特别的法律手段的更广泛更有效的全球体系才能从中产生。国际关系学者将这个方式称为"多中心治理"。但是实践性指导不仅是一个需要得到政府许可的全新概念，也需要工商企业社团和其他利益攸关者转变对这一观念的认识。

不论公共还是个体发起的现存倡议都无法形成一个更具条理性的系统去真正改变市场，其原因之一就是缺乏一个权威焦点来聚集各种相关参与者的期待和行为。因此，我最短期的目标就是去制定一个在工商业与人权领域能获取一致认可的规范框架和相应的政策指导，建立它的参数与范畴。

首先，这类框架必须阐明国家和工商企业关于人权不同的责任，以及同样重要的是这种责任带来哪些行动。当然，政府应当了解到依据国际人权体系，它们的法律责任和政策要求已经延展到由政府机构造成的侵害之外。但实际的国家实践表明，即使那些最投入的国家也没有将全范围的行动与工商企业联系起来。对它们来说，企业对人权责任的一些认知仅仅源于因为采纳了企业社会责任倡议。同样，实际案例也表明，关于这些责任的内容和意义，理解上也存在明显的分歧和欠缺。为避免引起歧义和策略博弈，对于社会职责不同但同样肩负人权责任的参与双方来讲，以两套责任对他们进行清晰区别的做法也深受非议。

另外，框架的范围必须在两个方面符合工商业与人权领域的范围。第一，工商业可以切实影响几乎所有已得到国际确认的人权，国家必须围绕所有这类权利，不能任意选择部分内容。第二，框架需要触及所有肩负管理工商业与人权责任的最小单位，包括相对较小且实力较弱的政府部门和工商企业。对于国家而言，包括促进贸易和投资的机构或负责证券监管的机构（如果一一提及，则不胜枚举）；对工商企业来说，包括不同的直接影响工人和社会的业务部门、公司自己内部的审查和遵约系统，以及工商企业与内部或外部利益攸关者之间的密切合作。

因为同样的原因，工商业与人权对联合国人权机制而言过于庞大。随着时间推移，很多国际组织针对它们的特殊使命和任务，建立了各自的企业责任标准。按照设想，这些努力将与联合国框架保持一致，形成聚合累加的效果。这需要将这些组织联系起来，将框架创建为核心准则和政策指导平台，各组织可根据自己特殊的制度语境，根据框架制定自己的标准。

另外，作为一个初期的重点，我谨慎地强调：预防措施和其他争论解决的手段能够成为司法补充手段而不是替代品。因为这些应该比建立法律体系或改革司法系统更便于实现，而且若取得成功还能直接减少人权伤害的发生率。此外，甚至在开展长期的司法改革和能力建设的同时，国家、公司和民间社会团体仍能共同承担重要的职责，建立和支撑一个非司法申诉机制。我认为企业与受其影响的个人和社区之间的密切合作会成为这一战略中的核心要素。

要推进这一议程还有一个必要条件：政府必须认可这一框架，如果政府希望更广泛的利益攸关者参与的话，那么就越有可能认可该框架。

　　这正是"保护，尊重与补救框架"的关键目的，也正是《指导原则》实施的主要目标，关于框架内容我会在下一章进行讨论。

注　释

1. 埃利奥特·施格拉，现在目前为 Facebook 公司的高管，这是其在 2005 年商业社会责任年会上的讲话。

2. UNDocumentE/CN. 4/Sub. 2/2003/12/Rev. 2, August 26, 2003.

3. Louis Henkin, "The Universal Declaration at 50 and the Challenge of Global Markets," *Brooklyn Journal of International Law*17（April 1999）, p. 25.

4. "State Responsibilities to Regulate and Adjudicate Corporate Activities Under the United Nations Core Human Rights Treaties: An Overview of Treaty Body Commentaries," *Report of the Special Representative of the Secretary-General on th eIssue of Human Rights and Transnational Corporations and Other Business Enterprises*, UN DocumentA/HRC/4/35/Add. 1（February13, 2007）.

5. CESCR, General Comment18, paragraph52.

6. HRC, General Comment31, paragraph8.

7. "United Nations Basic Principles and Guidelines on the Right to a Remedy and Reparation for Victims of Gross Violations of International Human Rights Law and Serious Violations of International Humanitarian Law" A/RES/60/147（21Mar, 2006）。"严重"与"极其恶劣"意味着同一事物；在美国法庭中，术语"残暴"或"极

其邪恶"通常用于指代相同范畴的罪行。

8. 柯欧贝诉荷兰皇家石油公司案，美国第二巡回上诉法庭（05-4800-cv、04-4876-cv）判决于2010年9月17日。

9. Anita Ramasastry and Robert C. Thompson, *Commerce*, *Crime*, *and Conflict*: *Legal Remediesfor Private Sector Liability for Grave Breaches of International Law*（Oslo: Fafo, 2006）.

10. 我受托进行了不同地区法律的治外法权对比研究并召集两名国际专家就这一主题征询意见（Jennifer A. Zerk, "Extraterritorial Jurisdiction: Lessons for the Business and Human Rights Sphere from Six Regulatory Areas," http://www.hks.harvard.edu/m-rcbg/CSRI/publications/workingpaper_59_zerk.pdf）。

11. 例如，General Comment 15, paragraph33。

12. David Weissbrodt and Muria Kruger, "Norms on the Responsibilities of Transnational Corporations and Other Business Enterprises with Regard to Human Rights," *American Journal of International Law* 97（October2003），p. 901.

13. David Kinley and Junko Tadaki, *From Talk to Walk*: *The Emergence of Human Rights Responsibilities for Corporations at International Law*, 44Va. J. Int'l L. 931（2004）.

14. Philip Alston, "'Core Labor Standards' and the Transformation of the International Labour Rights Regime," *European Journal of International Law*15, no. 3（2004），rejecting even the ILO's core labor standards on these grounds.

15. "Draft Norms," paragraph1.

16. Office of the High Commissioner for Human Rights, *The Global*

Compact and Human Rights：*Understanding Sphere of Influence and Complicity*（Geneva：OHCHR，2004）.

17. Philip Alston，"The 'Not-a-Cat' Syndrome：Can the International Human Rights Regime Accommodate Non-State Actors?" in Alston，ed.，*Non – State Actors and Human Rights*（New York：Oxford University Press，2005）3，13-14

18. 出处同上。

19. David Weissbrodt and Muria Kruger，"Human Rights Responsibilities of Businesses as Non-State Actors," in Alston，*Non-State Actors*，p.340.

20. John H. Knox，"The Ruggie Rules：Applying Human Rights Law to Corporations," in Radu Mares，ed.，*The UN Guiding Principles on Business and Human Rights*：*Foundations and Implementation*（Leiden：Marti – nus Nijhoff，2010），p.54.

21. 与我引用的其他非政府组织声明不同，这封电邮并非作者发出的公开信。因此，我删去文中这一组织的名称。这封邮件日期为 2006 年 1 月 17 日。

22. *Interim Report of the Special Representative*，paragraphs 59 and 69.

23. "'Principled Pragmatism' or Mere Antagonism？How Professor Ruggie's Censure of the Norms on TNCs has Affected the Stakeholder Initiative," *Human Rights Features*，September 18-24，2006.

24. 发给作者的信件，日期为 2006 年 4 月 27 日。

25. "Interview：Louise Arbour," *Financial Times*（8Jan，2008）.

26. 这次失败的协商跨国公司行为准则的尝试始于 1977 年，1992 年被中止，其详细过程见 Tagi Sagafi-nejad，The UN and Transnational Corporations：From Code of Conduct to Global Compact

（Bloomington：Indiana University Press，2008）.

27. South Africa，Department of Trade and Industry，"Bilateral Invest-ment Treaty Policy Framework Review，" June 2009，p. 5.

28. 在相关资料中，见 Thomas Risse，Stephen C. Ropp，and Kathryn Sikkink，*The Power of Human Rights*（New York：Cambridge Uni-versity Press，1999）；Oona Hathaway，"Do Human Rights Treaties Make a Difference?" *Yale Law Journal* 111（June2002）；Emilie Hafner-Burton and James R. Ron，"Seeing Double：Human Rights Impact Through Qualitative and Quantitative Eyes，" *World Politics* 61（April 2009）；and Beth Simmons，*Mobilizing for Human Rights*（New York：Cambridge University Press，2009）。

29. Thomas Risseand Stephen Ropp，Introduction to a Forthcoming book，*From Commitmentto Compliance*：*The Persistent Power of Hu-man Rights*，ed. Thomas Risse，Stephen Ropp，and Kathryn Sikink，manuscript，p. 7.

30. International Law Commission，"Fragmentation of International Law：Difficulties Arising from the Diversification and Expansion of Interna-tional Law，" UN Document A/CN. 4/L. 682（April13，2006）.

31. http：//italaw. com/documents/SuezVivendiAWGDecisiononLiabi-lity. pdf，paragraph262.

32. Article 53 of the Vienna Conventionon the Law of Treaties，UN Treaty Series1155，331.

33. Andreas L. Paulus，"From Territoriality to Functionality? Towards a Legal Methodology of Globalization. " 在 Ige F. Dekker and Wouter G. Verner，Governance and International Legal Theory（Leiden：

Martinus Nijhoff, 2004）p. 73。类似问题更准确地说属于普遍义务的重叠范畴，通常作为一个整体由国家向国际社会声明承担。

34. Andreas Fischer-Lescanoand Gunther Teubner, "Regime-Collisions: The Vain Searchfor Legal Unity in the Fragmentationof Global Law," *Michigan Journal of International Law* 25（2003）, p. 1004.

35. 见 C. K. Prahalad and Stuart L. Hart, *The Fortuneatthe Bottom of the Pyramid: Eradicating Poverty Through Profits*（Upper Saddle River, NJ: PrenticeHall, 2005）和 Beth Jenkins and Eriko Ishikawa, *Scaling Up Inclusive Business: Advancing the Knowledge and Action Agenda*（International Finance Corporation and Harvard Kennedy School of Government Working Paper, April 2010）, http://www.hks.harvard.edu/m – rcbg/CSRI/publications/other _ scaling _ up _ inclusive _ business_ 4 – 10. pdf.

36. Michael E. Porterand Mark R. Kramer, "Creating Shared Value," *Harvard Business Review* 89（January – February2011）.

37. 公示于 http://www.business – humanrights. org/Special RepPortal/Home。

38. 这一非约束性声明由联合国大会采纳，文中声明："发展的权利是每个人不可剥夺的人权，各国人民都有权参与、奉献，并享受经济、社会、文化与政治的发展，一切人权与基础性自由能得以充分实现。"A/ RES/ 41/ 128（Dec 4, 1986）。

39. "Protect, Respect and Remedy: A Framework for Business and Human Rights," *Report of the Special Representative of the Secretary General on the Issue of Human Rights and Transnational Corporations and Other Business Enterprises*, John Ruggie, UN documentA/ HRC/8/5（April7, 2008）, paragraph7.

JUST
BUSINESS

第三章

保护，尊重和补救

国际社会仍停留在人权运动的早期阶段，在涉企人权伤害中运用人权体系为个人和社区提供有效保护。本书第一章详述了因为缺乏足够的制裁或补救，治理上的漏洞造成了外部环境对公司错误行为的默许，即使本意并非如此。在第二章，我解释了为什么条约路线和企业自愿的社会责任方式看似任何时候都不能单独胜任弥补这一漏洞的职责。我认为，成功的方式应该是去识别多领域的治理手段，并通过彼此更好的联结与平衡，从而对跨国企业行为进行行为塑造。

"保护，尊重与补救框架"（以下简称框架）和《指导原则》（GPs）的实施目的就是建立一个全球共同的规范平台和一个权威政策指导，成为循序渐进的进程基础，既不以牺牲未来的长远发展为代价，同时也能取得进步。框架确定强调了我们应该做什么，《指导原则》确定了我们应该怎样去做。本章将概括框架与《指导原则》的重要特征，陈述支持其产生的思想，以及国家、工商企业和民间社会团体等主要利益相关群体对它的反应。尽管《指导原则》结合框架并建立于框架之上，为了做出更清晰的说明，本章将框架的基本认识与根据《指导原则》制定的附加操作原则进行单独探讨。第四章将再次分析这个框架和原则产生的战略路线，怎样争取联合国人权理事会的认同，如何与其他标准建立机构进行合作，以及其他参与者是怎样直接开始行动的。

需要注意的是：框架和《指导原则》需要三大支柱支撑。第一是在国家有义务通过适当的政策、规定和司法裁决，保护人权不受包括工商企业的第三方侵害。第二是企业有责任尊重人权，这意味着工商企业应该执行人权尽责，避免侵犯他人权利，或在自身卷入时处理不良影响。第三是不论通过司法手段还是非司法手段，必须对受害者进行更有效的救助。防护与补救措施是一个相互关联又充满动力的体系，每个支柱都是这一体系中必不可少的组成部分：国家肩负保护义务，因为在国际人权体系中国家占据核心地位；公司有尊重人权的责任因为社会对涉及企业的人权存在基本预期；之所以需要补救的办法是因为即使万众一心、齐心协力，也无法完全避免所有侵害。

因为前面几章讨论过的原因，当我确定应做事项的条目时，我认为与其倡议全新的法律标准还不如与现有的国际法保持基本一致，据我断判，前一种做法将引发的不可避免的结局是没有定论的争执或是被国际社会完全置之不理。确定新框架的方式应该是框架的内容既独立而又与其他人权标准彼此相容。《指导原则》将直接指出方向，详细分析现有的承诺必须、应该，或能够被实现的方式。

Ⅰ. 框架

框架确认了国家关于工商业与人权的法律义务和相关政策的逻辑依据；并且，确认了企业特别是跨国企业相关人权的独立社会责任，"独立"意味着这一责任独立存在，不考虑国家是否履行承诺；最后，明确了与上述两点相关的补救机制。框架建立了基本原则，为一系列复杂而且相对陌生、需要进一步发展和考虑的人权领域问题确立了标志，其中一些内容会在后面《指导原则》的部分出现。

国家的保护义务

在国际人权论题中，国家的法律义务通常会依据"尊重，保护与实施"类别进行区分，某些提法中还在"保护与实施"之间添加了"促进"这一类别。"保护"这一范畴是指国家保护人权不受第三方侵害——这意味着，第三方是私人主体。早期多数的想法将第三方看作类似反政府武装的团体。但是根据定义，第三方包括企业。这样，国家负责保护人权不受企业侵害成了框架的出发点。第一步就是明确其含义，接着再确认国家更有效的履行义务的方式。

国家保护人权不受第三方（包括工商业）侵害这一义务，来源国际人权法，不论条约法还是习惯法。这种特殊工具在各种主要的联合国人权条约中使用，通常包含着两组义务。第一，条约责成成员国在其司法辖区内确保列举的人权不受侵犯（"尊重"）。第二，条约要求国家去"保证"（或其他功能相同的动词）权利所有人去实现或享有那些权利。[1]这需要国家保护、防止其他社会主体（包括企业）的行为阻碍和消解权利实施。

各国公认国家的保护义务是一种行为标准，而不是行为结果。这意味着当工商企业造成人权虐待时，国家并没有本质上的责任。但是如果国家不采取适当步骤制止相关虐待，在其发生时不进行调查、惩处和纠正，或者如果企业本身仅仅作为一个为政府服务的、行为直接归咎于国家的机构而存在时，那么，国家就可能会违背国际人权法规定的义务。从这个意义上讲，国家自身应为国有企业发生的行为承担部分责任。依据这一参数，国际法给予国家很宽的尺度去判断怎样行使保护义务。主要的人权条约通常要顾及立法、管理和司法措施。

目前，联合国人权条约机构提供的指导通常建议，国家无须规范在其管辖范围内相关企业在领土外的行为，但在具备公认的司法基础时，也不制止国家采取类似行为，比如人权虐待由本国人民造成或本国人民遭受人权虐待的行为。我们在第二章看到，有些条约机构越来越赞成国家采取步骤去制止在其司法辖区内注册的跨国公司的侵害人权行为。此外，还有一些理论依据认为：母国应当鼓励这些跨国公司尊重国外人权。特别在国家自身不论作为所有者、投资者、承保人、捐客，或仅仅是发起人参与企业创投的情况时，更应当如此。这样操作可以使母国避免理论上难以立足，即当海外公司出现侵害人权行为时不会因为国家对公司发展的间接支持而牵连国家。再者，这一方式可以满足东道国的需求，它们通常缺乏能力去独立充分地实施有效的管理环境。

我在 2008 年的展示框架报告中，指出国家保护的责任形成是国际人权体系的基础要素。在报告中我这样写道：各国政府与政府之外的人权专家们对国家的保护责任总体特征都有了较为清楚的理解。但尚未进行良好内化的是各国在对企业需要履行的责任方面的政策五花八门、领域各异，其中包括怎样培育企业形成尊重国内与国外人权的企业文化。这看来是各国政府最迫切需要关注的政策重点。[2]

我明确了四类关注预防措施的政策，裁决和惩罚措施归于"补救"范畴，与非国家基础的补救形式并列。

第一类政策系列关注国际投资协议——跨国公司进入东道国市场的准入点。这包括国对国的双边投资条约（BITs），标明资本输入国确认的对资本输出国投资方的保护，还有投资商对国家就特殊项目签署的合同，比如自来水供应服务或原油和矿业的开采特许权。这类协议保护外国投资方不受东道国随意对待的侵害。但这给东道国的管理政策空间设置了两个隐患：一是这类协议在项目持续期间能锁定东道国国内现有的规范要求，这就允许外国投资者在东道国政府采用新政策时设法免除或得到补偿，例如东道国推行新劳动法，尽管这样的举措可能同步提高所有企业（不论国内还是国外企业）的成本。如果政府不遵守协议，投资商可能将政府告上国际仲裁法庭，在那里，仲裁委员会特设小组只考虑条约或合同文本（"法律适用"），而不是考虑什么泛泛的可能受到危及的公众利益。据我的团队和其他方面提供的调查显示，对外国投资方利益提供保护和仲裁小组的判决日益增长，不断扩张，特别出现在缺乏谈判能力的东道国政府当中。[3]在一些案例中，"投资方"和"投资"的定义甚至扩展为保护"准投资方"（准入预设权）、中间控股公司、少数股东之中。这就潜在地扩展到各种经济交易形式——"销售业务、贸易市场份额、贷款合同和建筑合同、本票和其他银行票据，甚至是建立律师事务所"。[4]如果东道国政府要采取一些保护本国人民利益的措施，即便是东道国没有被投资方提出索赔，仅仅是这一行为可能要面对的起诉也会使东道国政府发生寒蝉效应①。第二个隐患的形成原因是政府内部的分化问题不断扩展，对投资促进政策和机构的官僚影响力不断增大而关注人权保护的国家机关实体规模却相形见绌。这就是我在第二章中提到的南非政府《黑人经济振兴法案》所体现的问题。唯有消除以上两个隐患，才能制定更公平的投资协议，使政府机关与政策更好地结合起来。

第二类需要加大关注的政策是公司法和证券规定——公司合并与上市的要求、董事的责任、报告的要求和相关政策。这一法律内容和法规直接规定了公司的行为内容和行为方式。但人们对于这一做法的人权内涵所知甚少。以前，这

---

① 寒蝉效应：是指当下对言论自由的"阻吓作用"，即使是法律没有明确禁止的。

些内容被看成是实施和操作主体都不同的法律层面和政策层面的东西，因此，在公司及其董事和执行官需要为人权进行哪些努力等一系列问题上，司法程序是不够明确的，在很多情况下，他们甚至被允许做一些违背股东们的信托责任的事情。另外，约束公司行为的机构和负责实施人权的机构之间很少进行合作和协调。在 2008 年之前，多数政府和股票市场鼓励企业提供某种形式的社会责任报告，但极少数直接要求企业提供。某些政府公布了自愿性质的企业社会责任指导原则，但这类政策中只有相当少的部分专门提及人权。因此，绝大多数政府并没有为企业提供有价值的指导原则，告诉它们如何处理迅速增长的与人权相关的风险。

我辨析的第三类需要进一步发展的政策关系到受冲突影响地区的企业运营——包括控制领土、资源或者政府自身的冲突。部分最极端恶劣的人权侵害，包括那些涉及企业的案例都发生在这些地区。如同我们在第一章中看到的，民主刚果共和国的人民被丰富的自然资源折磨得一贫如洗，部分地区长期处于无政府状态。我们不可能期待国际人权体系在这类情况下履行职责。在这类地区，跨国公司的母国应该扮演更重要的角色。但是母国通常缺乏相应的政策，这些国家的大使馆也不具备这种能力去建议公司如何在这类事态中确保公司不受人权事件牵连，并在公司即将涉入此类事件时对其发出警告。

第四类是当国家加入多边机构时国内政策的碎片化便波及相关国际舞台。国际人权规范由联合国人权理事会讨论，贸易政策由世界贸易组织制定，经济发展包括私人领域的投资由世界银行集团完成。同一国家通常确实受困于来自这些不同领域相互矛盾的政策。关于这一现象，我就经历过一次。2011 年，一些在日内瓦人权理事会支持《指导原则》的国家在华盛顿特区因为同一议题反对国际金融公司，认为他们在人权方向走得太远。对于这一矛盾简单的解释是，人权理事会的政策大多由外交部处理，而关于世界银行和国际金融公司的政策由财政部处理。两者在机构利益和关注重点上体现出极大的区别。

2008 年，我没有针对这些问题做出特别建议。多数问题是人权理事会涉及的新领域，要取得下一步进展需要更广泛的讨论和更大范围的国家政策联盟。但我将它们列上了需要进一步考虑的议事日程，因为要有效回应商业与人权问题，就需要让这些问题得到处理。

国家保护人权的义务是人权法的核心原则和政策依据，这个简明的表述并不是没有遭到反对的。有几个国家的代表，包括英国，都纷纷质疑国家是否确实肩负普遍义务以保护人权不受公司侵害。[5]他们坚持认为，义务是严格基于条约而定的，但不同的条约在这一点上又有区别。美国代表对我使用"管辖范围"这一限定义务的地理范围的术语表达了异议，他们坚持使用"领土"。[6]我推测因为他们考虑到关塔那摩俘房营这个先例。那里不是美国的领土，但美国拥有富有争议的司法管辖权。就以上两个问题我对文字进行了细微修改（根据第一条意见，我采用了更严格的措辞；根据第二条异议，我采用了更笨重的表达方式，即"领土和/或管辖范围"），这样既可以对应形式上的反对意见，又坚持了我想表达的本意。不过，国家、工商界和倡议组织都支持这一观点：在企业造成的人权侵害中，应将国家义务确立为保护人权的基石。

企业的尊重责任

公司在整个框架中又应当发挥怎样的作用呢？公司有涉及人权的法律责任。他们知道必须遵守所有适用法律，以便获得并持续拥有法律运营许可证。对于跨国公司而言，要同时遵守东道国和母国的法律。而且在我们曾经看到的案例中，谴责某些极端恶劣的行为时，公司还应该尊重某些国际法标准，由国内法庭强制执行。但国际法标准仅仅围绕一个很狭窄的行为范围，也不是所有国家都签署了所有国际人权条约，而且各国承担强制义务时的能力和意愿也各不相同。在这种情况下，需要企业独立履行尊重人权的责任。作为框架的三大支柱之一，企业尊重人权需要从标准的人权话语概念中脱离，并成为框架和《指导原则》的核心。

人们曾经尝试制定相关规范，确认出有限的条款来约束公司的人权行为。比如，前文提到过的《准则》，通常这些条款特别容易与一系列不准确且宽泛的公司责任联系在一起（例如，在《准则》中，公司需要"推进，确保履行，尊重，确保尊重并保护"），它们常常与法律规范、社会规范和道德要求混淆不清，却力图获得与国际法相同的约束力。"保护、尊重与补救框架"却完全不同，它以尊重作为起点。

在我的框架中，对于企业尊重人权的责任的阐述是从对"该责任作为一个确立已久的社会规范早已存在"的观点开始分析和评论的。我使用"责任"这一术语就是想要表明它不同于法律义务。除了遵守法律和规定之外，社会规范的确存在。而且的确，随着时间的推移有些社会规范成了法律。例如，在很多国家，社会规范反对雇佣关系中的种族偏见，或是反对在餐厅吸烟，很长一段时间之后，法律也开始禁止此类行为。社会规范不依靠国家履行自身义务的能力和意愿独立存在。至于工商业领域，不遵守社会准则将会影响公司的社会运营许可证。回忆一下第一章中，壳牌无可挽回地失去了在尼日利亚奥格尼地区的社会经营许可证，比政府撤销其的法律许可证整整提前了十年。因此，企业主要受辖于两种外部管理体系：一是公共法律与权力系统，二是基于公司与其外部利益攸关者的关系，这受制于非国家基础的社会和民间系统。监管公司的体系不仅要反映前者的需求，也要在不同程度上反映后者的需求——当然，这无可否认地需依赖于环境。现在所缺乏的，也正是框架试图提供的，即为企业尊重人权的责任确定一个更为精确并得到广泛接受的定义，该责任可能牵涉的特殊措施，以及怎样更有效地将企业尊重人权的责任与国际认可人权的公法建设联系起来。

但社会规范到底是什么？我们怎样确认它的存在？它的功能到底是什么？社会规范表达对社会参与者的预期行为所产生的一种"义所应当"的集体感受，明确区分某种特定环境下哪些行为是允许的，哪些是不允许的。它伴随着某种可能，即若偏离规范将遭到社会制裁，或者仅是公开蒙羞。[7]目前，尽管不同的人和不同的国家对于公司涉及人权的行为的期望相差甚远。但在跨国公司从事经营活动的全球社会范围内有一个社会规范已经获取了近乎普世的认同，那就是企业有尊重人权的责任。

我所说的"近乎普世的认同"有两个含义。第一，工商业自身已经广泛地承认了企业尊重人权的责任。在我任务的最初阶段，我请三个最大的国际工商业协会咨询其成员，询问他们在那些人权法执行较差或根本不存在的国家，什么标准适用于企业运营。在他们所呈的公司官方政策简报中指出：希望公司"遵守法律，即使政府没有强制执行能力，且应尊重相关国际法律文书原则，即使不存在相应的国内法律"。[8]再者，事实上，所有公司和行业的企业社会责任推动组织都承认企业尊重人权的责任。这方面我们仅举一个例子，2008 年的国际人权日是全球人权宣言通过 60 周年纪念日，埃克森美孚在纽约时报的专栏版发布了四分之一版的专题广告，声明尊重人权"是埃克森美孚在全世界超过 80000 员工的责任，他们每天都为实现这一责任而工作"。[9]其 CEO 在给联合国秘书长的一封信中说道，公司尊重人权的责任是公司加入联合国全球契约时接受的承诺。全球契约被奉为软法文书，类似的还有国际劳工组织声明和《经合组织跨国企业准则》。而且，企业尊重人权的责任也越来越多地出现在国家制定的企业社会责任指导原则中，包括在很多新兴市场国家和发展中国家。

第二，在所有关于人权的预期中，不同的公众群体都会紧紧盯住工商企业，如果它们在世界任何一个角落背离企业尊重人权的责任，则极有可能遭到社会制裁，这就是社会规范的"强制力"。我们在第一章中提到的那些不尊重人权的公司便遭到了社会规范强制力的惩罚。人权倡议运动会反对那些宣称无法尊重人权的企业；依据经合组织准则，跨国企业不尊重人权就会被投诉到 OECD 下设的国家联络点。挪威的 5250 亿美元的政府养老基金从不尊重人权的公司中撤出，其中包括沃尔玛；因为同样的原因，荷兰公民服务基金从中石油撤资。社会责任投资基金筛选企业的标准也是依据企业是否尊重人权的这一重要证据。

此外，不论迅速增长的企业社会责任推动组织有何局限，都反映出企业确认了他们需要发展应对社会责任机制的能力。确实，正如在第二章中曾总结的，我对世界 500 强的调查显示，在尚未面对严重的人权问题之前，就有大约一半的调查参与者自觉将人权因素与他们的企业社会责任联系在一起，这大约是因为他们在其他公司的错误中吸取了教训。在某些公司，负责企业社会责任的员工直接汇报给首席合规官。还有少数公司确立了董事级别的企业社会责任委员会。这类公司多数是国际矿业公司，而且都不是我们耳熟能详的公司，因此，所谓只有在消费者导向下品牌才会关注企业责任这个说法是不全面的。这些公司的行动事实已经将公司内部责任审查推向了更高的公司治理的层面。

的确，这类社会责任机制在各国和各行业的实施是不均衡的，在很多司法体系中还没有将它与法律责任机制彻底地区分开来。但是，社会责任机制却是跨国公司在制度环境极弱的国家里开展经营活动时最直接、最准确发挥作用的。这主要源于跨国社会责任机制的实际能力，即通过民间社会组织、有组织的劳工、社会责任投资者和其他社会参与者施压。这种做法根植于那些母国在西方的跨国公司，其品牌、商誉和资本介入都会受到社会责任机制影响。但是近年来也有传闻说，中国公司在秘鲁、南非或赞比亚的业务也开始遇到来自当地社区和其他利益攸关者的阻力。这些抗议者主要依据那些参照欧洲和北美标准而建立的社会规范，并时常通过跨国网络获取倡议者和其他社会责任机构的支持。[10]因此，公司行为的某些核心社会规范恰恰扎根于跨国企业自己创造的跨国经济圈。

简单地说，企业尊重人权的责任已被广泛认同，在涉及跨国公司时尤为明显，而且已经成为较好制度化的社会规范。但是企业承担这一责任所应采取的行为一直没有权威的说明，这一欠缺成为我的下一项任务。基于这一基础，我采用了标准人权概念——"尊重"一词，详述企业尊重责任的实际内容、范围和途径。

涉及国家时，人权话语中"尊重"权利意味着不去侵犯权利，并且不推波助澜或以某种形式卷入这种侵犯。同时，它也牵涉着另一相关责任，即关注因侵犯所造成的伤害。框架用更直观的术语，简单地解释这一定义：当企业开展业务时，不应该侵犯他人的人权。在某些情况下公司可能被要求或是他们可能会自愿为人权采取超过"尊重"的行为。但在最广泛的全球共识中，不侵犯他人权利是社会准则的基线。此外，在人权方面不存在类似碳补偿的抵销行为，即进行慈善事业也无法补偿对人权的伤害。

下一个问题是哪些人权是这种责任应该尊重对待的。确定一个与商业相关的有限人权列表需要投入大量时间，全神贯注地工作。但这种努力不可避免地遭遇现实，企业会涉及几乎全部国际认可的人权问题范围，这大约包括三十多种已经确认的权利，正如我们在第一章中看到的。因而，任何这样的列表都会产生不适应的指导原则，而且作为原则的重点，公司尊重人权的责任必须包括所有国际认可的权利。在实践中，就某些特殊行业或操作环境而言，某些权利会比其他权利带来更大的风险，应该引起高度重视。互联网服务商与其他行业的工商企业相比，在保证隐私权和言论自由时会将自己置于更大的风险之中；采掘行业在面对拆迁问题时会遇到更大的风险；运动鞋类制造商面对工作中的劳工权利时也是如此。同样，在民主刚果共和国东部运营的公司要比在丹麦运营的公司更可能陷入人权不利影响。但是因为这类影响很难被任何地区的任何企业提前排除，所以应该同时顾及所有权利。

再者，一个国际公认权利的权威"列表"已经存在，无须另立。它的核心部分已经容纳于《国际人权宪章》（世界人权宣言和两个公约）之中，再加上《国际劳工组织关于工作中的基本原则和权利宣言》，都得到了国际社会的广泛认同。依据不同情况，工商企业可能需要考虑各种附加标准，例如，当他们在冲突地区使用国际人道法，或是土著居民的权利被他们影响，或是他们需要迁徙工人、妇女和儿童时需要尤其注意，以上所有在国际法律文书中都有详细规定。简单地说，企业应该尊重的权威人权列表已经存在。

理论界长期存在一种争论，即为这些国际法律工具或是其中的一些条款能否为企业直接应用并作为它们应当承担的法律义务依据。我的"列表"说明巧妙地规避了这一讨论。当我们把问题局限于企业在何处能找到权威列表时，就悬置了国际法律文书是否适用于企业这个问题，人权"法"可能不适用于公司，但人"权"是公司应该尊重的。作为履行社会责任的目标，"列表"规定了权威的人权基准。有很多将国际公认权利的列表"转换"为商业术语和职责的有益尝试，其中包括由众多知名跨国公司在"商界领袖人权倡议"中所做的尝试。[11]

确立了企业必须尊重的人权之后，需要进一步阐明企业责任的范围，这是指企业围绕责任应采取的行动和特性，以及责任延伸多远。在我的任务开始之前，讨论主要聚焦于"企业影响力范围"是不是一个适于划定的范围。的确，确立我的任务的特别要求之一就是我要澄清这一术语的意义。从本质上说，企业影响力范围这一概念相当于国家管辖范围这一概念在商业领域的对应物。但是国家的管辖范围由领土限定，企业的势力范围是由企业职能设想出的，是企业项目施加影响的空间延展。因为我们在第二章中曾经详述的原因，我发现这一构想存在很大的问题。首先，这可能会导致企业为与经营无关的事务负责，仅因为在某种意义上，那些事可能是其势力足以影响的。但同样情况，如果企业表现出缺乏这种势力影响，对不利行为的责任就可能被赦免。此外，这将激发企业与国家无休止的战略博弈，比如关于在特殊局面中谁该负责什么的问题。

根据事物本身的特性，我制定了企业尊重人权责任的范围：不侵犯他人的权利。这样，框架限定了这个范围，即由工商企业的自身行为和有生意关系的第三方合作行为造成的实际和潜在的人权不利影响。就跨国公司来说，"企业"被理解为整个公司集团，不论它的组织结构如何。而生意关系被理解为包括商业合作伙伴，企业价值链上的其他实体，以及其他有直接商业联系的非国有或国有实体。或许改编一下陶器店的警告标示更容易让人理解："你打碎它，或是协助打碎它，你就是它的主人。"我们看到，耐克在关注其在印尼的生产供应商的活动中最初回应道，那不是他们的问题，他们不是工厂的主人，是无法被社会接受的。

人权虐待中的企业共谋可能出于生意关系。这是我最初任务中受邀澄清的另一个概念，2008 年我为此撰写了报告。[12]共谋有法律背景和非法律背景，两者对公司都有重要的影响。它是指公司间接牵连人权虐待，实际的伤害由另一方承担责任，或是国家机构，或是非国家参与者，但公司对它提供支持的情况。法律意义的共谋表述得更为清晰，当协助和唆使行为可能上升到国际公认的犯罪层面时即为共谋。这指在犯罪行为中有意地提供实际的协助行为或鼓动行为，造成了实际后果，正如金吉达品牌被指控在哥伦比亚征用右翼游击武装保护其设施一样，后来被指控共谋杀死了左翼游击队员和劳工组织者。但是尽管有时没有破坏法律，只要协助造成人权伤害，如苹果对富士康发生的购买行为，那么就构成企业共谋，这对于其他社会参与者来说是个很重要的基准。它会加大声誉成本，甚至会导致撤资，我在前面提到的养老基金案例中详细解释过。

现在进入我认为最重要的问题。怎样能确保企业完成尊重人权的责任？承诺企业完备而良好的尊重人权？我针对企业的问题是：你们有适当的系统使你们有足够的信心支持自己的承诺吗？你能向自己展示你的所作所为，暂且不考虑向他人宣传吗？事实上，很多公司过去甚至至今仍然没有这样的体系。还有那些我们在前面曾经描述过的时常展现出缺陷的公司。要履行尊重人权的责任需要企业发展制度能力建设，去"知晓"和"表现"并没有伤害他人权利。为了制定《指导原则》，我观察了一些为满足自身需求已经使用其他领域的风险管理系统的企业。企业为确保兼并和收购没有隐藏风险，往往要执行一个冗长的交易尽职调查。20世纪90年代开始，对发展中的管理风险加强内部控制，不论企业还是利益攸关者，都可能在这些企业行为中受到伤害，例如，防止雇佣歧视、遵守环境承诺、制止雇员的犯罪不端行为。通过这些已经建立的实践，我介绍了人权中"尽责"的概念，它意味着企业可以利用这个工具去确认、制止和缓解人权负面影响。

但是人权尽责必须反映出人权的特性。因为公司的目标是确认他们尊重人权的责任。它必须超越公司自身的物质风险控制，要包括对公司行为和合作关系可能对个人和社区权利造成危害的风险进行确认和管理。此外，因为人权关系到权利持有者，人权尽责不是简单粗略地计算可能性，它必须严肃地对待权利持有者或他们的合法代表。而且因为具体情况会变化，人权尽责不是一个一次性任务，而是必须依据特定项目的生命周期定期进行。

我承认，在框架中将企业遵守国家法律的必要条件和企业尊重人权的责任并列起来，可能会在某种情况下给跨国企业造成进退两难的窘境，因为两者可能会相互抵触。例如，若东道国对结社自由、性别平等和隐私权有所限定，这种矛盾就会非常明显。如果发生这种情况，框架建议企业尽最大可能尊重国际公认的人权原则，并且应该向外界展示其做法。与此同时，企业应该把可能成为第三方（包括东道国政府机构）极端恶劣人权虐待帮凶的风险按照法律事件对待，并在风险过高时考虑切断与第三方的关系。

下面，我将总结公司尊重人权的责任概念形成过程。它独立存在，同时也是国家保护义务的补充。典型人权术语所确定的"尊重"的含义为：不伤害他人的人权，并处理已经发生的伤害。它的实际内容由国际公认的人权构成。它的范围因其概念得以限定：由企业的自身行为或通过商业关系相关的这类行为造成的实际和潜在的人权不利影响。与已经使用的普遍概念相比，这一构想对所有关注的内容提供了更大的清晰度和可预期性，矫正了工商业将人权看作道德诉求，或由企业"自制"人权标准，或是以企业"影响力"这样不确定的弹性概念作为将人权责任归于工商企业的基础等情况。这一构想赢得广泛认同，尽管有些工商业协会和政府代表也表示担忧，希望人权尽责不给中小型企业增添义务或施加过度的负担。

事实上，正如某些倡议团体所诟病的那样，企业尊重人权的责任没有对工商业提出新的法律要求。而且它还别具"刺激"——的确，它有那么一些刺激性。第一，它明确了这一特征，促使国家和工商界可能接受将尊重责任联系到国际人权法律文书，尽管不是所有国家都签署了相关条约或在所有相关声明中投赞成票，而且尽管这些国际文书总体上对企业并不具备直接的法律适用性。第二，这一说明使它变得更加清晰，除非企业能了解而且能展示遵循被要求尊重的人权，否则就是口头承诺而并非事实。第三，人权尽责概念将鉴别和确定企业的人权不利影响引入企业所熟知的风险管理架构中。同时，它又为过程标准化提供了基础，这是一个为公司认可，利益攸关者所倡导，国家所要求的标准。正如我们将要详细讨论的那样，这一切都可以立即发生。第四，公司的人权尽责有望降低涉企人权伤害的发生率，借此给个人和社区带来有益的影响，也降低了建构更多体系造成的困难和负担。第五，联合国和其他国际标准制定机构给予了"企业尊重人权的责任"以官方认可，使它超越了曾经呈现的

"社会期待"的范畴。

通向补救的入口

即使在最令人满意的环境中，涉企人权伤害也会发生。依据国际人权法，作为国家义务的一部分，国家需要采取步骤去调查，惩处和纠正领土和/或管辖范围内，个体权利受到的涉企侵害——简言之，应该提供补救通道。没有这样的步骤，保护义务就很难实现或者毫无意义。这些步骤可以通过司法、行政、立法或其他手段进行。同样，基于公司尊重人权的责任，工商企业应该为可能受到不利影响的个人和社区建立有效参与的申诉机制，这对法律援助没有任何影响。框架划分了三种可以寻求补救的申诉机制：司法机制、基于国家的非司法机制和非国家机制。

国家常常指出国内已存在的刑事和民事法律系统，以此证明已达成了这方面的国际义务。然而，这些法律系统往往在最为需要的地方显得最为脆弱。框架重申国家必须确保发生在其领土和/或管辖范围内人权侵害得到有效的司法补救，而且应该寻找方法以减少可能导致补救失败的法律与实践障碍。虽然，原告在母国法庭起诉跨国公司的可能性得到进一步扩展，但在工商业与人权领域的实践始终停留在辩论阶段。工商企业仍然强烈反对；母国担心对"自己"的公司不利；东道国坚持其国内事务不受干涉原则。治外法权案件也总是依据惯例受到法律原则阻碍，比如责任如何在公司集团成员内部进行分配的问题，这即使在很单纯的国内环境中都很难解决；还有各种法律程序问题，比如谁拥有永久诉讼权。此外，它所造成的沉重的财务成本令各方担忧，尤其是对那些控诉行为发生在国外的原告和调查、检举机构而言。第四章中将详述我怎样寻求解决这些障碍的方式。

在工商业和人权领域，国家基础的非司法体系以及司法体系的潜力，经常被忽视。这些力量行使投诉处理职责以及其他关键职责，包括促进人权，对公司和其他利益攸关者做出指导并提供支持。国家人权机构是一个值得期待的载体。这些行政管理实体依照宪法或法律法规建立，在各自的国家针对人权状况进行监管和提出建议。大约七十家机构得到遵守联合国标准的完全授权，与政府保持独立但与国家机构又有紧密联系，各大洲都有这样的类似机构。但是多数机构都无权处理涉企人权投诉，或只有在企业行使公共职能或影响普遍权利时才得以授权处理。我建议这类机构的权力应该进一步延展。依据《经合组织跨国公司准则》建立的国家联络点也有提供有效补救的潜在功能。但直至 2011 年，这一准则都没有关于人权的章节。这一准则要求投诉必须存在"投资关系"，有些国家联络点将此解释为排除品牌与供应链伙伴之类的合同关系，以及贷款机构关系。正如我即将详述的那样，我与经合组织进行了进一步合作，重新修订了其准则。

在工商业与人权领域，公司经营层面的申诉机制是这个补救系统中发展最不完善的。申诉机制可以直接由公司提供，其方式通过与公司利益攸关者的合作或依赖双方共同接受的外部专家或组织的帮助。曾经提到的我的调查表明，如果缺乏申诉机制，企业对投诉不予理睬或简单打发，企业与个人、社区间会频繁发生关于人权的对抗，而且对抗会不断升级。这种情况在采掘业中最为明显，就像我们在尼日利亚壳牌案例和卡哈马哈案例中看到的那样。同类事件在很多工作场所和其他行业纠纷中出现。为使这些投诉能被及早处理、直接补救，框架建议企业设立或参与操作层面的申诉机制，而且该机制必须基于对话基础，或利用第三方调解作为限制条件，以此避免公司既当运动员又当裁判员。

回应

"保护，尊重与补救框架"看起来有些令人匪夷所思，这却是我有意而为的。原因在于：通过人们正常的反应无法成功地确立反思商业与人权挑战的统一基础，更不用说共同行动的平台，那些是我希望在我任务完成之后留下的最主要成果。随后，2008 年人权理事会毫无异议地"欢迎"这个框架，并将我的任务再次延期三年，邀请我为框架的实施制定更实际的指导原则。框架是怎样以及为什么在 2008 年得以接受？第四章将详细展示我在整个任务期间所采用的战略路径。现在，我让各类利益攸关者的代表解释他们的反应。

联合国人权高级专员纳维·皮莱将框架形容为"一个重要的里程碑"。[13] 在一份挪威政府白皮书中，它被称为"开拓性的创举"，并将它引申运用于评估本国的政策。[14] 某重要国际工商业协会的联合声明中称框架提供了"一个清晰、实用而又客观的方法去解决一个非常复杂的系列问题"。[15]商界领袖人权推动组织声明这一框架"在两个方面推进人权讨论实现显著进展，一是列出了涉及企业的可能影响到的关键人权，一是强调政府必须更好地培养尊重人权的企业文化，弥合治理漏洞"。[16]40个社会责任投资基金给人权理事会发出联名信，称框架有助于他们的工作，将促进对企业在人权方面负面影响的披露并采取适当措施去减少这类影响。在主要的人权非政府组织联合声明中提到：框架"值得而且应该得到进一步关注"。[17]大赦国际发表附加声明，指出框架"在保护人权领域具备做出重大贡献的潜能"。[18]非政府组织和国际工人组织开始运用框架提出各自的倡议主张，政府在政策回顾和企业在其内部缺陷分析中都运用框架进行评估。其后不久，经合组织英国国家联络站发布了一个对艾弗里迈克斯公司的不利判决，这是一个总部在英国的矿业贸易公司，因为该公司在民主刚果共和国供应链的人权尽责没有达标，因此提请其注意框架中关于企业社会责任政策的核心要素。[19]

《指导原则》在这一基础上得以建立。

Ⅱ.指导原则

这些对框架的积极反应表明，商业与人权问题的主要参与者发现它新颖而有效。尽管各方参与者的差异依然存在，在过去的十年中他们各行其是、话不投机，但还是开始了一次共同交流。框架没有制造出新的法律义务，这一点毋庸置疑地让政府和商界都乐于接受。但是，接下来的阶段工作更为棘手，因为我希望《指导原则》更为规范。在制订过程中，我毫无保留地从学术研究准则的角度根据"结果性逻辑"和"适合性逻辑"进行了差别分析。结果性逻辑认为行为基于预期的收益或损失。反之，适合性逻辑认为"义务、责任，身份和道义等概念都可能驱动行为发生"。[20] 基于这种区别，我们将面对下一阶段的问题：要使嵌入框架的承诺得到更广泛地支持，需要什么"适合性"步骤推进它得以实现？还需要哪些其他具体行动能体现这些承诺？对此《指导原则》详尽进行了说明。

然而，我应该补充的是，这并不是一个纯粹的逻辑实验。当我那些学术界的朋友听说我打算使用一个强大的道德理论或法律义务推理方案支撑框架时，他们并不完全认同。原因显而易见：如果为了最大限度地实现国家、企业和其他相关参与者接受并执行《指导原则》，我就不得不回到人权理事会，寻求上上下下的投票。理事会成员和试图影响这些成员决定的其他各方，在判断我的提议时，很可能既遵守"适合性逻辑"又遵守"结果性逻辑"来计算这个提议会给他们各自带来什么特殊影响。与之相应，《指导原则》需要精准校订：既拓展它的功能极限，又不至于失控。

《指导原则》和相关评论冗长而且复杂，且伴随着同期报告，外加四篇很长的补篇，借以提供附加信息和特殊内容的指导。以下的总结仅将三大支柱下的关键条款重点展示。我引用了部分《指导原则》的文本以传递实际语感，令大家感受人权理事会和其他利益攸关者们如何面对《指导原则》做出了自己的决定。

国家的保护义务

《指导原则》重申了国家保护义务的基本要素。接着，《指导原则》设置了一系列规定和政策措施使国家达成这一义务，促进国家将相关国内（和国际）政策领域和制度更好地结合，介绍了在某些环境中国家可以要求企业进行人权尽责的这一理念。这套指导原则可以分为两大类别：一类是适用于任何状况，另一类是针对特殊类型情况的附加规定。

《指导原则》提醒国家执行规范工商企业尊重人权问题的现行法律（例如劳动法、非歧视法和刑法），同时，鉴于情况不断变化，国家必须审查这些法律是否提供了必要的覆盖面（指导原则3a）。但是我们知道，直接约束工商企业行为的法律和政策大多对人权问题保持沉默。因此，《指导原则》也规定国家应该：

● 确保制约工商企业创办和运作的其他法律和政策，例如公司法，不会限制而是促使企业尊重人权（指导原则3b）。

这需要国家的相关实体之间更好地保持彼此一致。因此：

● 国家应确保规范企业做法的政府部门、机构和其他国家机构在履行各自职能时，意识到并遵守国家的人权义务，包括为此向这些机构提供有关信息、培训和支持。（指导原则8）

更好的一致性也要求"国家应保持适当的国内政策余地，在与其他国家或工商企业一道追求与商业相关的政策目标时，履行其人权义务，例如通过投资《条约》或合同"（指导原则9）。这一规定强调了东道国政府应避免签署限制过多的投资协议，这可能限制国家采用善意的公共利益立法和规定，包括保护人权的法律法规。限制过多的投资协议里的措施会改变投资协议设定的经济平衡，并将自身置于可能受到外国投资方提起仲裁的威胁的境地。

规定适用于所有工商企业，但与跨国企业尤为相关，《指导原则》规定：

● 国家应明确规定对在其领土和/或管辖范围内的所有工商企业在其全部业务中尊重人权的预期（指导原则2）；（而且他们应该）切实指导工商企业在各项经营中尊重人权（指导原则3c）。

相关的评论则总结了我在2010年的报告和其他文章中制定出的拥有治外法权效果的国内政策措施，以及由本国法庭在其他管辖权范围之内权做出的实际判定行为之间的区别，指出后者比前者的司法难度更大。例如，证券监管机构对其管辖范围内上市的公司（不论国内的还是国外的）有强行要求他们披露相关信息的权力，要求他们以某种形式汇报或报告全球业务中的巨大风险，因为国内投资者必须获知或抵御这种风险，而不论风险是否发生。评论是为了鼓励国家去考察这些公司业务造成的显著相关人权风险、措施和措施的效用。

在这些普遍规定之外,《指导原则》还确定两类情况变体:一是当国家自身参与公司投资时,另一个是公司在受冲突影响地区运营时。

我在评论中指出:国家作为个体,是国际人权法的主要义务承担者,作为集体,是国际人权制度的受托人。此外,当工商企业的行为可以归因于国家时,企业造成的人权伤害也可以归咎于国家违背了自身的国际法义务。因而:

●国家应采取额外步骤,保护人权不受国家拥有或控制的工商企业,或接受国家机构,例如出口信贷机构和官方投资保险或担保机构实质性支持和服务的企业侵犯,包括在适当时要求人权尽责(指导原则4)。

评论清晰地解释了"在适当时"适用于"如果企业的业务性质或经营背景造成了巨大的人权风险"这一情况。《指导原则》还补充说明:国家将可能影响享有人权的服务交付私有化,并不消解其国际人权法义务(指导原则5)——例如,虽然监狱私有化或是自来水服务私有化,但是仍要求国家继续监督审查,而且国家在政府采购过程中"促进与政府有业务往来的工商企业尊重人权"(指导原则6)。

在我接受任务之初,我论证了公司在冲突地区发生业务应该引起国家和公司特别注意。《指导原则》有一段很长的内容重点探讨了国家应该采取的步骤(司法救助再度被归于"补救"部分)。尽管该条款适用于所有国家,但与跨国公司的母国尤其相关,步骤包括资金层面或是通过在该国的大使馆或领事馆服务:

●由于在受冲突影响地区，严重侵犯人权的风险不断加剧，国家应帮助确保在此类背景下经营的工商企业不会卷入侵犯人权行为，包括：（a）在尽可能的最初阶段与工商企业接触，帮助他们确认、防止和缓解其活动和商业关系的人权相关风险；（b）向工商企业提供适当援助，以评估和解决不断加剧的侵权风险，尤其应关注基于性别的暴力和性暴力；（c）对参与严重侵犯人权，又拒绝在解决问题时予以配合的工商企业，不提供公共支持和服务；（d）确保其目前的政策、立法、条例和执行措施可有效应对工商企业参与严重侵犯人权的风险（指导原则7）。

作为对《指导原则》的补充，我就受冲突影响地区的工商业与人权问题附加了一篇独立的、更为详细的报告。

企业尊重的责任

在2010年秋天，《指导原则》草案讨论之前不久，我预览了我在联合国大会的年度讲话中关于企业尊重责任的核心内容。"宣告企业社会责任的时代已经结束"，我写道。"企业尊重人权的责任不能停留在文字上，它需要采取特殊措施，工商企业应该设法'知晓并展示'他们对权力的尊重"。[21]在全部31条《指导原则》中，有14条指向工商业。它们重申了框架的基本概念和要素，并据此列出特殊步骤。这包括三个主要部分：工商企业要做出政策承诺履行他们尊重人权的责任；建立人权尽责程序以确定、防止和缓解人权影响，并对如何处理人权影响负责；建立程序补救其所造成或加剧的任何负面人权影响（指导原则15）。《指导原则》强调有必要保证受影响的个人和社区，在整个过程中以含有深远意义的方式分为若干步骤，从而加强企业与工人，以及企业与业务涉及地区的联系。

为了将尊重人权的责任内置于公司，公司有必要做出明确的政策承诺。《指导原则》指出政策承诺规定了企业对个人、商业伙伴和与其业务、产品或服务直接关联的其他各方的人权预期，得到工商企业最高管理层的批准，对有关的内部和/或外部专门知识知情，并传达给相关各方，体现在整个工商企业的业务政策和程序中（指导原则16）。

公司"知晓并展示"的含义是，他们尊重人权，执行人权尽责："此过程应包括评估实际和可能的人权影响，综合评估结果并采取行动，跟踪有关反映，并通报如何消除影响"（指导原则17）。应该防止和缓解潜在的负面影响，对已经发生的实际影响则应视为补救对象。"人权尽责可包括在更广阔的企业风险管理制度中，即不仅仅是确认和管理对公司本身的物质风险，还包括对权力拥有者的风险"（指导原则17，评论）。

另外，人权尽责的内容如下：（a）应涵盖工商企业通过其自身活动可能造成或加剧或因商业关系而与其业务、产品或服务直接相关的负面人权影响；（b）随工商企业的规模、产生严重人权影响的风险以及业务性质和背景的不同而在复杂性上有所不同；（c）应是持续的，承认人权风险可能随时会因工商企业的业务和经营背景的变化而变化（以上均为指导原则 17）。

因此，尽责要求不仅适用于公司自身活动，还适用于其因商业关系发生关联的各方，例如，公司的供应链、保护公司资产的安保力量、投资伙伴等。评论详尽阐释了如果公司造成或加剧了负面人权影响，则应采取必要步骤去消除或防止。如果公司没有造成或加剧负面人权影响，但此类影响因企业价值链上的其他实体与其业务、产品或服务直接关联，例如，供应商在公司不知情时违反有关合同条款，使用强迫劳动的话，公司应该运用一切制衡手段迫使该实体防止或缓解这一影响。如果无效，企业应考虑终止这种关系（指导原则 19，评论）。[22]

评论还指出小公司的人权尽责通常不够正规。在公司规模量表的另一端，如果企业价值链上有大量的实体会促使其无法将持续尽责行为贯彻至所有相关实体，程序将会鉴别哪些区域是发生人权负面影响的高风险地区，基于经营背景和生产、服务性质给出先后次序。

从评估影响到传达结果的人权尽责的各个组分都在独立的指导原则和评论中澄清，在此只摘录部分内容。评估意味着"在特定的经营环境下理解对特定人群的特定影响"（指导原则 18，评论）。根据工商企业的规模及其经营的性质和背景，应尽力了解可能受影响的个人或团体（指导原则 18）。在无法合理合法实现时，可以咨询利益攸关方或专家。依据人权影响评估做出整合和行动需要公司指派专人负责，横跨公司多个职能部门且在企业内部汇报路径内，通过合理的内部预算分配、激励体系和监督程序起到切实作用（指导原则 19）。

适当的人权尽责有助于公司关注可能出现的法律控告风险，表明公司采取了一切合理步骤，避免卷入指称的侵犯人权行为。但不应认为，人权尽责本身将自动和完全消解其造成或加剧侵犯人权行为的责任（指导原则 17，评论）。

即使最恰当地使用最佳原则和实践，公司还是可能造成或加剧无法预估或不能防止的负面人权影响。因此：

● 工商企业如果确认他们造成或加剧了不利影响，则应通过合法程序提供补救，或在补救问题上给予合作（指导原则 22）。

● 如果必须制定消除实际和潜在的负面人权影响行动的轻重缓急，工商企业首先寻求防止那些最严重的影响，若反应迟缓将导致无法补救的影响（指导原则 24）。

严重程度由规模、范围和影响的不可挽回性等术语来界定（指导原则 14，评论）；而且严重程度不是一个绝对概念，只是就工商企业确认的其他人权影响相对而言（指导原则 24，评论）。

为核实负面影响是否被消除，应跟踪被影响利益攸关者的反馈（指导原则 20）。最终，公司应公布充分的信息用以评估企业是否就负面影响采取了适当的对策，尤其是在受影响利益攸关者或以受影响利益攸关者名义提出关注时（指导原则 21）。总之："如果存在严重的人权影响风险，无论其源于企业经营性质，还是源于经营背景，企业都应做出正式报告"（指导原则 21，评论）。

获得补救

在理想情况中，就广泛的涉企人权伤害补救系统而言，国家司法和非司法机制形成了该系统的基础。在这一系统中，公司层面的申诉机制可以提供早期的援助和可能的解决方案，至少在一些案例中如此。一些合作推动组织，或是以行业为基础或是以利益攸关者为特点，也都可以发挥类似的作用。但是，正如我在 2010 年向理事会提交的报告中总结的那样，"现实远远不足以建立这样一个系统"。

国家的保护义务要求国家提供补救途径，《指导原则》重申了这一义务。《指导原则》还督促国家"应确保它们不会树立壁垒，在司法救助是获得补救的一个关键部分时，妨碍合乎法律程序的案件提交法庭"（指导原则 26，评论）。文本详述了若干种我在框架中提出的主要法律和实践壁垒，是我经历广泛的调查后，与人权组织共同的工作中总结出来的。[23] 这一挑战是确认工商业与人权领域中特定的壁垒，尤其是悬而未决的部分。我们很清楚，没法对有些问题给出一个统一的答案，就像集体诉讼规定那样，在国家法律系统中截然不同，在除人权之外的其他主要法律领域中这些建议的影响也不相同。但倡议组织的经验和我的调查确认了一些需要被关注的壁垒。

例如，我所强调的因为反对域外判决而出现的"申诉者在东道国遭司法拒绝，又不能诉诸本国法院，无论案情如何"（指导原则26，评论）这种壁垒。尽管如此，在包括政府、其他利益攸关者，以及法律专家等更为广阔的范围内审视这个问题之后，我断定它不可能在此刻得到各国政府的认同，而如果我将它列为《指导原则》的指令性建议，可能会因此危及整个倡议，因为人权理事会的程序要求各国将《指导原则》作为一个整体选择支持或反对。因此，我受理事会邀请递交了一份关于我任务后继进程的建议，并提出各国政府考虑是否可以开展"草拟新的国际法律文书的政府间进程"，建立清晰的"适用于工商企业的国际标准，禁止严重的人权侵犯，因为这类侵犯潜在地等同于刑事犯罪级别"，而且，重要的是必须澄清在什么情况下，谁可以行使此类司法权。[24]我会在第五章再次讨论这个倡议。

在非司法方面，我曾经利用几年的调查和任务中执行的试点项目为申诉机制确定一套有效的标准。不论国家还是非国家，这一机制包括：

（a）合法：已得到其所面对的利益攸关者集团的信任，并对申诉过程的公正性负责；

（b）可获得性：得到其所面对的所有利益攸关者群体的了解，并向在获得时可能面临特殊壁垒者提供适当援助；

（c）可预测性：提供清晰和公开的程序，附带每一阶段的指示性时间框架，明确诉讼类型、可能结果以及监测执行情况的手段；

（d）平等性：努力确保申诉方有合理的途径获得信息，咨询意见和专门知识，以便在公正、知情和受尊重的条件下参与申诉进程；

（e）透明度：随时向申诉各方通报进展情况，提供充分信息，说明该机制如何建立对其有效性的信任，满足任何有关的公共利益；

（f）权利兼容：确保结果和补救与国际公认的人权相一致；

（g）有持续的学习来源：利用有关措施，汲取经验教训以改进该机制，同时，预防今后的冤情和伤害；

业务层面的机制包括：

（h）立足参与和对话：就机制的设计和运作与其所面对的利益攸关者团体磋商，侧重以对话为手段，处理和解决申诉（以上均为指导原则31）。

反应

在6年的任务期中，我和我的小组共举行47次正式的国际磋商，多次访问主要国家，与各国政府、政府人权理事会代表和其他利益攸关方保持密切的联系，我非常有信心获得理事会对《指导原则》的支持。最主要的问题是对它是否进行分组式表决。如果是这样，否定票的数量将决定相对重要性。另外，还要注意理事会在表达支持时选择什么"动词"进行表述。联合国决议中使用的动词对合法性作用非常重要。框架受到了"欢迎"，表示这是一个高度评价。相对较好的回应是"很感兴趣地关注"。仅仅使用"关注"表示努力没有结果。显示明确拒绝的案例很少，就像前面几章讨论的《准则》倡议。为了获取最牢固的基础，我建议我任务的支持者选择"赞同"，尽管这个动词还从未在未经政府磋商的文本中使用过。挪威在促进这一理念时勇开先河，其代表颇具说服力：理事会的决议得到一致认可，而且使用"赞同"一词。

在 2011 年 6 月理事会投票期间，各工商业协会、公司、企业法律事务所、社会责任投资基金、养老基金和工人组织纷纷发表支持声明，这些组织机构来自美国、加拿大、大部分欧洲和拉美国家、中国香港、印度、马来西亚、俄罗斯和南非以及其他国家和地区。[25]例如，通用公司写道，《指导原则》"进一步帮助工商实体和政府分别采取措施，实现工商业背景中的人权，以及在损失终究发生时回应补救需求"。世界最大的公司律师事务所伟绅律师事务所指出，《指导原则》"为工商业界和法律专业提供了即时有效的指导，令工商业（和他们的专业顾问）有机会赶上尊重人权责任的步调"。俄罗斯萨哈林能源的 CEO 写道："我衷心希望人权理事会能赞同《指导原则》……帮助它成为国家、企业和社会团体的权威参考。"国际工会联盟补充："'保护、尊重与补救框架'在 2008 年得以通过，以积极的方式改变了整个人权与工商业的讨论，我们认为《指导原则》会在国际层面迈出更重要的下一步。"

部分国际人权非政府组织表现得不够热情。在我向理事会做最后报告期间，几个重要的倡议组织在联合声明中承认《指导原则》"以有效方式确认了话题范围，但是部分值得关注的重要议题没有得到充分的反映和处理"，他们的主体想法是制定适用工商业与人权的国际法律文书。几家非政府组织对经营层面的申诉机制持怀疑态度，辩称这反映出公司与权利持有者的能力失衡，担心这个机制会逐步取代司法程序。两个问题都特别针对《指导原则》中怎么建构这类程序的规定。一组反公司—反全球化的非政府组织以《指导原则》"不够充分"为由敦促理事会投否决票。

其他国际标准设立组织对《指导原则》的接受极为迅速，第四章将对此进行更为详尽的描述。国际标准化组织 ISO，2010 年后期采用了社会责任标准，得到 93% 国家成员团体的赞成，包括中国。该标准明确地采用并完全与框架的第二支柱保持一致，在企业对人权的尊重责任方面使用了相同的概念、定义和行使责任的要求步骤。这个重要的 ISO 标准是应亚洲相关国家成员团体的特别请求而制定的，他们因为历史因素强调质量管理系统，这源自日本成为工业强国的经验；他们希望建立全球咨询行业，能为公司提供守规建议。

正如曾经提到的，经合组织在 2011 年 5 月修订了他们的《跨国企业准则》。为做出决议经合组织召开了部长级会议，美国国务卿希拉里·克林顿说："本次修订尤为值得注意的是，它并入了新的人权章节，吸收了联合国人权与工商业特别代表约翰·鲁格制定的《指导原则》，并融入了供应链关系背景下的尽责实践指导。"[26] 经合组织独一无二的贡献在于，42 个参与政府需要设置一个指定办事处，投诉注册地址在这些国家的跨国公司的违规行为，不论这些跨国公司的运营地在何处。准则的新人权章节的尽责要求是（包括供应链）从《指导原则》中提取的，它扩展了这一机制的范围。

在 2011 年中期，国际金融公司采用了一项新的"可持续政策"，第一次确认了工商业尊重人权的责任。同时，其核心概念也与《指导原则》相一致：这一责任独立于国家义务存在；"尊重"意味着避免伤害他人的权利；接受了国际人权宪章和国际劳工组织的八条核心公约提供的人权"列表"。[27]国际金融公司要求他们的客户在评估与管理社会和环境风险时依据人权尽责系统。且全球超过 70 家的私营金融机构、若干地区发展基金机构和国家出口信贷机构也会保持对这些客户的跟踪。因此，此举的意义在于它可以影响公司获取资金的渠道。

2011 年 10 月，欧盟委员会发行了《欧洲新生战略2011～2014，企业社会责任》。[28]它放弃了欧盟的最大分歧——是强制还是自愿实现企业责任，这一点我在欧洲议会的讲话中曾经批评过。[29]它通过参考经合组织指导原则的修订本、联合国指导原则和 ISO26000 等"权威指导"资源，建议工商企业"包括他们的供应链"要"基于风险尽责"。战略文件有望成为欧盟在该领域下一阶段工作的基础，包括作为任何可能制定的新管理建议的基础。

人权尽责这一概念还有一个特殊的反响。挪威研究机构FAFO 的马克·泰勒写道"多边组织、商业协会、政府和非政府组织认为，尽责这一概念是一个答案，可以解决非常头疼的企业责任问题，那些在战争地区攫取金属和矿产的公司即使面对严重的人权虐待和武装冲突也是毫无顾忌。"[30]根据我为经合组织做的供应链企业责任，他设想将这一概念引入采矿业并进行规划，随后这一设想得到了中非大湖地区首脑会议十一个成员国的认可；接着又被联合国安理会引入民主刚果共和国矿业开采决议；最终它成为《多德—弗兰克华尔街改革法案》的第1502节，对在美国上市并在刚果冲突影响地区获取矿石的公司提出尽责需求。一直关注自然资源在引发冲突和腐败中的作用一家的英国非政府组织——全球见证组织在推进这些进展时起到了关键作用。泰勒预言道："至此，甚至在2011年7月联合国人权理事会确认《指导原则》之前，其核心元素'工商业尊重人权的责任'就已经被整合纳入国家和国际立法进程。"[31]

Ⅲ. 结论

到了最后，这份《指导原则》到底是什么？它能实现什么功能？它将如何实现它的目标？很明确，《指导原则》不是一个国际条约，尽管它同时包含硬法和软法要素。它也无意成为一个工具包，只需从架子上取下来即可使用，尽管它为指导政策和实践而设置。《指导原则》构成了一个规范的平台和一个高标准的政策指示，加强了人权保护以抵御企业造成的相关伤害。它提供了一个可扩展至国际人权体系的基础，不仅围绕国家和个人，也围绕着公司。如此，它包含了道德价值和人权理念的内在力量，还确认了在全球经济背景下，涉及工商业的人权唯有通过公众、民间和公司等多重管理系统的制衡才能影响跨国企业的行为。要将这些系统结合的杠杆作用最大化，需要一个通用平台，通过不断地强化效果，产生日积月累的变化。《指导原则》提供了这个平台。

而必不可缺的是通用平台建构于功能区别清晰的支柱之上，或称责任基础之上。企业尊重人权的责任独立存在，与国家履行保护人权这一义务的意愿和能力无关。同样，国家保护人权的义务独立存在，与企业是否选择或能否对国家施加影响无关。基于同样的原因，区别防止和补救措施，以及补救方面的司法和非司法形式非常重要。提供司法补救是国家义务。接受司法补救是人权持有者应得的权利。除此之外，国家、工商界和民间社会团体都有责任参与防止措施和非司法补救，包括经营层面的申诉机制，以使公司可以参与提供早期的援助。这种做法源于不同的根本原因，若想取得全面的成功，就要调动各方的这一根本需求。总的来说，《指导原则》建立于独立又相互补充的支柱之上，形成了完整、逻辑统一而范围广泛的行动平台。

《指导原则》让我们跳出了强制与自愿抉择的僵局。它重申了国家保护人权的义务，包括制定法律约束规定和提供有效的司法补救。它基于风险尽责的条款建构了企业尊重人权的责任，这是企业熟悉的领域，但又在国际公共治理领域嵌入了经典的人权内容和范围。国家对企业尊重人权责任的认同和担当，赋予了它正式的认可，而在此之前企业的尊重责任只能作为一种社会期待的规范存在着。企业对它的接受使企业自身成为监督者，通过其原有的内部管理系统进行管理，并依据合同管理供应商和服务提供商。国际法律文书必须而且应该在继续发展工商业与人权体系中扮演重要角色，正如我在 2007 年一篇文章中提到的，它将"作为精心打造的精密工具，补充和增强现存的制度能力"。[32]

关于企业尊重人权责任这一支柱的核心规定被其他国际标准设立组织迅速而广泛地领会——它的意义是什么，应该怎样履行——这些促成了商业与人权领域出现了史无先例的国际融合。商业与人权领域的各种标准不再为竞相吸引注意力而打得不可开交。企业拥有了更加平坦的竞技场所，明确了外界对其在商业与人权领域的期望，并知晓如何去回应。《指导原则》的另一个更重要的作用在于：对受影响的个人、社区和其他利益攸关者提供更集中的指导，特别是处于困难的行业或业务环境中，企业也有适当的系统去管理人权相关风险。它还提供了工商界与民间社会团体一致的基准，用于评估国家的表现。事实上，在政策和立法要求之中整合了企业尊重人权责任的要素，因而增加了标准的影响力。此外，随着《指导原则》被进一步地理解，一种内在活力逐渐显现。每一个采用《指导原则》的实体都拥有其自身的实施机制，并且产生连锁反应，这一切会在内部审议和外部压力的推动下，促使企业将需求进一步规范化，改善企业的表现。

我在给人权理事会的最终报告中用这些话作为结尾："我并不认为我任务的结论能终结所有工商业与人权挑战，但理事会批准《指导原则》标志着发轫期的结束。"[33]我的意思是,《指导原则》,正如它的名字那样,为国家和工商企业提供了原则性指导。更多的后继工作需要政府、工商业和其他利益相关方将《指导原则》转化为规则和工具,应用于特殊行业和业务背景、不同规模的企业和不同形式的金融中介机构中。从此,社会各界拥有共同努力的平台和可以用于评估的权威基准。

在进入最后章节之前,我将提供"一路走来"的几点自省,即促使框架和基本原则得以采纳和引用的战略途径,这也许可以为解决全球治组漏洞提供相对有效的帮助。

注 释

1. 例如,《公民权利和政治权利国际公约》与《儿童权利公约》都用到"尊重并保证","尊重"在国家环境中意味着国家必须保证权利不受侵害。《联合国残疾人公约》要求缔约国"保证并促进",并采取有效措施去消除源自私人企业的虐待。《消除一切形式种族歧视国际公约》要求每个缔约国"应该禁止并终止……任何人,任何群体,任何组织造成的种族歧视"。《消除对妇女一切形式歧视公约》要求缔约国"采取一切措施消除来自任何人、组织、企业针对妇女的歧视"。在《经济、社会及文化权利国际公约》中,缔约国承担"采取步骤……逐渐获得权力的充分实现",在权利具体规定中,例如对待劳工,指导国家"保证"这些权利。

2. "Protect, Respect and Remedy: A Frame work for Business and Human Rights," *Report of the Special Representative of the Secretary –*

General on the Issue of Human Rightsand Transnational Corporations and Other Business Enterprises，*John Ruggie*，UNDocumentA／HRC／8／5（April7，2008），paragraph27.

3. http：／／www. ifc. org／ifcext／enviro. nsf／AttachmentsByTitle／p_ StabilizationClausesandHumanRights／＄FILE／Stabilization＋Paper. pdf.

4. Surya P. Subedi，*International Investment Law：Reconciling Policy and Principle*（Oxford：Hart，2008）p. 60.

5. 来自英国外交及联邦事务部与皇室法律顾问丹尼尔·伯利恒的信件，以及我给伯利恒的回信，均见于 http：／／www. business－humanrights. orgs／Serach／SearchResults？SearchableText＝daniel＋bethlehem。

6. 与美国国务院法律顾问办公室的电话内容。

7. K. D. Opp，"Norms," in *International Encyclopedia of the Socialand Behavioral Sciences*，vol. 10，ed. Neil J. Smelser and Paul B. Baltes（Amsterdam：Elsevier，2001）.

8. International Organization of Employers，International Chamber of Commerce，Businessand Industry Advisory Committee to the OECD，"Business and Human Rights：The Role of Business in Weak Governance Zones," December 2006，paragraph 15，见于 http：／／www. ioe－emp. org／fileadmin／user_ upload／documents_ pdf／policy_ area／esr／csr_ eng_ governancezones. pdf.

9. *New York Times*，December 18，2008，p. A35.

10. "Concern Growsover Peruvian Protests," *E&MJ Engineering and Mining Journal* 22（December 2011），available at http：／／www. e-mj. com／index. php／news／leading-developments／1478-concern-grows-o-

ver-peruvian-protests. html.

11. Business Leaders Initiativeon Human Rights, "A Guide for Integra ting Human Rights into Business Management," http：//www. inte grating – humanrights. org/.

12. "Clarifying the Concepts of 'Sphere of influence' and 'Complicity,'" *Report of the Special Representative of the Secretary-General on the Issue of Human Rights and Transnational Corporations and other Business Enterprises, John Ruggie*, UNDocumentA/HRC/8/16 （May15, 2008）.

13. http：//www. ohchr. org/EN/NewsEvents/Pages/AMilestoneforBusinessandHumanRights. aspx.

14. http：//www. regjeringen. no/en/dep/ud/press/News/2009/social _ responsibility_ abroad. html？id = 543620, p. 78.

15. http：//www. biac. org/statements/investment/08-05 _ IOE-ICC – BIAC_ letter_ on_ Human_ Rights. pdf.

16. http：//www. reports-and-materials. org/BLIHR-statement-Ruggiereport-2008. pdf.

17. http：//www. hrw. org/en/news/2008/05/19/joint-ngo-statementeighth-session-human-rights-council.

18. http：//ebookbrowse. com/amnesty-submission-to-ruggie-jul-2008-doc-d11711003.

19. Final Statement by UK National Contact Point for the OECD Guide – lines for Multinational Enterprises：Afrimex（UK）Ltd. , August 28, 2008, paragraphs 41, 64, 77, http：//www. berr. gov. uk/files/file47555. doc.

20. Martha Finnemore and Kathryn Sikkink， "International Norm Dynamics and Political Change," *International Organization*52（Autumn1998），p. 913.

21. Available at http：//www. ohchr. org/Documents/Issues/Business/2010GA65Remarks. pdf.

22. 关于供应链问题的评论比较复杂，要考虑到一些附加因素，包括严重虐待与终止关系造成的人权影响。我的团队制定了一本阐释指南，即《企业尊重人权的责任》（日内瓦：人权事务高级专员办公室，2011 年），对此有更为完备的说明。

23. 关于后者的一个例证，见 Mark B. Taylor，Robert C. Thompson 和 Anita Ramasastry 的文章 "Overcoming Obstacles to Justice"，这是大赦国际、FAFO 研究基金会与挪威和平中心赞助的研讨会报告，见于 http：//www. fafo. no/pub/rapp/20165/20165. pdf；以及 The Corporate Responsibility Coalition（CORE），"The Reality of Rights，Barriers to Accessing Remedies When Business Operates Beyond Borders. " http：//corporate-responsiblity. org/wp/wp－content/uploads/2009/08/reality_ of_ rights. pdf。

24. "对后继任务的建议"，http：//www. business-humanrights. org/media/documents/ruggie/ruggie-special-mandate-follow-up-11-feb-2011. pdf。

25. 所有评论引自 http：//www. business-humanrights. org/media/doucuments /ruggie/ruggie-special-mandate-follow-up-11- feb-2011. pdf。

26. http：//www. state. gov/r/pa/prs/ps/2011/05/164453. htm.

27. "International Finance Corporation's Policy on Environmental and Social Sustainability，" http：//www. ifc. org/ifcext/policyreview. ns

f/AttachmentsByTitle/Updated _ IFC _ SFCompounded _ August1 –
2011/ $ FILE/Updated _ IFC _ SustainabilityFrameworkCompound
ed_ August1-2011. pdf.

28. "Communication from the Commission to the European Parliament,
The Council, the European Economic, and Social Committee, and
the Committee of the Regions," http: //ec. europa. eu/enterprise/
newsroom/cf/_ getdocument. cfm? doc_ id = 7010.

29. http: //www. corporatejustice. org/IMG/pdf/EP_ April _ 2009 Rug-
gie. pdf.

30. Mark Taylor, "The Ruggie Framework: Polycentric Regulation and
the Implications for Corporate Social Responsibility," *Nordic Journal
of Applied Ethics* 5, no. 1 (2011), http: //tapir. pdc. no/pdf/EIP/
2011/2011 – 01 – 2. pdf.

31. 同上, P. 24.

32. John Gerard Ruggie, "Business and Human Rights: The Evolving
International Agenda," *American Journal of International Law*101
(October2007), p. 839.

33. http: //www. ohchr. org/Documents/Issues/Trans Corporations/HR
C%202011_ Remarks_ Final_ JR. pdf.

JUST
BUSINESS

第四章

战略途径

 我的任务是从温和的"确认和澄清"一些事情开始，其间，不乏出现国家、工商界和民间社会团体等主要参与者之间的激烈争论和深度分歧，代表了他们各自不同的利益和偏好。6年之后，《指导原则》得到人权理事会的一致赞同，作为必不可缺的软法文书被广泛引用，得到了所有人的强烈支持，争论和分歧才得以终结。这一过程没有脚本，没有用户说明，因为从未有过类似的联合国任务可以仿效。那么我们应该怎样完成这一进程？而我这个特殊的进程能否给其他为弥补全球化造成的治理漏洞进行的努力提供一些教训？

 每个案例都有其独有的特征，这个也不例外。让未来的此类进程都研习我所走过的路径，这既不可能也无必要。尽管如此，重循这些路径，将进程中的特殊因素从建立、传播和实施国际规范的常见特征中分离出来，或许能为他人提供一个路标。本章概括了六种我确认并遵循的战略途径，包括怎样形成新准则以及取代竞争规范；怎样迅速得到广泛运用；如果取得成功，接下来怎样被相关参与者彻底消化，被看作"毋庸置疑"的原理——这是成功的规范化进程的终极措施。[1]

六条战略途径列举如下。

1. 创建最低限度的共识基础，可以实现共享对话。

2. 确保任务进程的合法性，尽量避免陷入具体问题。

3. 引入那些洞察力和影响能够推进议程的新参与者。

4. 对核心建议进行实地测试，示范其确实行之有效。

5. 寻找机会或创造机会，实施博弈终止战略，并由执行力强的政治领袖去完成。

6. 与标准设定组织在最大范围的实施机制组合中，实现规模和利益的最大化。

Ⅰ. 创建共识基础

2005 年，那些参与确立联合国商业与人权领域准则的利益相关集团，彼此之间几乎没有共识可言。当时，还没有权威的涉企人权侵害信息库，《外国人侵权法令》的案例证据也零零散散，充其量只有一些涉及程序性问题的案例。当时的讨论趋向理论化，理论偏好又反映出机构的利益：商业界强调其在人权实现与自愿推动组织的快速发展方面具有积极贡献，而激进人权团体将目光集中于最严重的人权虐待上，与部分学院派支持者一道，要求建立一个包揽一切的全球法律体系约束企业责任。因为任务开始时只是要求我对现有的进展情况进行"确认与澄清"，作为第一步，我对急需制定的一系列基准进行了研究，至少其中部分基准可以用来评估突然激增的投诉和索赔。随着时间推移，这个研究愈发具有长远的战略意义，告诉人们未来将遇到的困境。

基准研究

要为任务定位一个以事实为基础的基准，我的任务可以大致分三条主线。第一项研究是确认涉企人权侵害的主要模式。第一章中引用了这一研究结果，对企业控诉方面的调查为期两年；总结了被指控的伤害发生的类型、地点、控诉人以及实施方式；展示了商业对几乎所有国际公认权利的各种切实的不利影响，所以尝试建立最终的人权列表是徒劳无功的。第二项工作是澄清现存法律标准和其在国家和企业的应用，这主要反映在第二章，用文件证明联合国人权条约通常不直接将法律义务施加于企业；在可能导致国际犯罪的极端恶劣的人权虐待中，通过企业潜在责任的范围扩展，可以在国内法庭依据国际习惯法标准审理，这一做法潜在地依据了国际刑事法院的罗马规约；国家有国际法律义务去防止其领土或管辖范围中的涉企人权侵害；在不断增长的案例中，联合国条约机构鼓励甚至是督促跨国企业的母国采取步骤，制止这类企业在国外业务中进行人权侵害并追究其责任，但作为一个通用原则，国家既不被要求也不被禁止使用治外法权去履行这些义务。第三项研究也在第二章中进行了总结，确定自发的企业社会责任推动组织迅速扩展的原因，指出了强项和缺陷。

另外，大量学者和其他志愿者代表任务小组进行了同类的全方位调查，这使我受益良多。他们调查全世界区域性的人权系统、世界贸易体系对人权的影响，以及涉及商业与人权时进行有效司法补救的障碍等，这些内容在我给人权理事会的报告和我的网站中都曾引用。[2]

更具战略性的是，现存的发展情况清楚地显示关于商业与人权的思考和行动应该从相对狭义的概念和脆弱的制度框中跳出来，那是政府、企业和民间社会组织给它设定的条框和限制。最初我试图通过经验主义和概念化的工作，就其结果与各利益相关团体讨论，促其发展。考虑到主题相关性和能力限制，我仅从四个领域对其进行了严肃的研究：公司法与证券法、国际投资协议、企业与当地社区发生冲突的成本和治外法权。

公司法与证券法

公司法与证券法要求企业的董事和执行官们必须遵守公司治理、风险管理和市场安全防范。在任务开展之初，我感到有必要在全球层面就这些领域的法律和政策以商业与人权的关系为主题进行一次系统性对话。在2008年5月，人权理事会就"保护、尊重与补救框架"进行表决前的几个星期，华尔街某重要律师事务所发表了一篇令人厌恶的评论，从而加剧了对话的紧迫感。"框架可能给工商界强加一系列广泛的责任"，立普顿律师事务所的一位高级合伙人在为客户提供的五页咨询备忘录中这样写道。"这一报告对全球工商业存在重要的潜在不利影响，不同的社会参与者共同履行国际人权法律文书的承诺，其含义丰富的责任将为企业及其董事带来巨大压力。"[3]毋庸置言，我担心这封信在工商业界产生负面影响。但那时我在公司法领域并没有举足轻重的地位，我认为自己独立做出反应很难充分奏效。幸运的是，经乐施会的调停，我向华尔街另一家领军律师事务所——威嘉进行了讲解，他们的高级合伙人带领一个团队研究了框架，聆听了我的解释，在理事会会议期间发表了一个六页的备忘录。"我们相信，报告中所提及的概念是合情合理的并且应该得到商界的支持，"他们写道。"不必惶恐不安，美国企业应该接受联合国人权特派代表的建议……"[4]终于，对话开始了。

受这一经历启发，2009 年我开展了一个研究项目，邀请全世界 20 多家公司律师事务所进行无偿协助，对律师事务所覆盖的 39 个司法辖区进行调查，确认公司法及证券法能否以及如何激励或阻碍企业尊重人权。各司法辖区的报告全文和总结报告在网上发布；后者附加在《指导原则》中。[5]调查对该主题进行了最广泛的比较研究。它显示出大多数公司法和证券法与人权只有间接的交叉。在多数司法辖区调查中，怎样最好地确保或监督企业尊重人权，怎样报告企业人权的进展和表现，监理机构对这类问题没有提供有效的指导。调查中发现，尚没有法律明确地要求企业在合并过程中，确认其对社会的责任，也很少要求董事们考虑非股东利益。在很多司法辖区中，企业必须公示所有与业务和财务状况"有关的"或"关系重大"的信息，当企业的人权影响达到这一门槛时，多数调查需做显示，也必须做出公示。但是，对于人权影响何时可能达到这个门槛，还是几乎没有官方指导。

当然，在一些司法辖区内还会发现有例外。关于董事的义务，英国法律规定为促进企业成功，在诸多因素中，董事必须对"企业经营对社区和环境的影响"保持特别关注。巴西法律有一条规定同样要求董事"为实现企业的共同目标，实现最佳利益，满足大众需求，发挥企业的社会职能"。这类规定被描述为"启发股东"模式的表现：尽管董事的义务只针对企业，在实际操作中他们需要对广泛的社会和环境因素"保持关注"——尽管其含义也不是那么令人一目了然。有些股票交易所列举了一些触及这些问题的规定（巴黎和马来西亚交易所触及企业社会责任，深圳和上海交易所触及环境保护和社区发展）；其他交易所执行了自愿性社会责任投资指数（约翰内斯堡的 Bovespa 指数，纽约的道琼斯可持续发展指数，伦敦的金融时报道德指数和一些北欧国家的类似指数）。少数国家要求某些类型的企业出具某种形式的企业社会责任报告（如，中国、印度尼西亚、瑞典）；这些规定倾向聚焦于政策报告而不是影响及处理方式，而且报告也不遵守金融报告的标准化、可证实性和流通化的要求。

这一研究任务和相关咨询的直接后果是将公司和证券法的主题更深入地拖入商业与人权的讨论中，帮助人们了解《指导原则》的关键要素的发展，加入了很多重要的社区实践，这些我随后一一详述。

国际投资协议

历史见证了国家没收国外投资的连续浪潮——而在以往的时代，这一做法很可能会引发"军舰外交"。现代投资体系建立于国际投资条约与合同之上，通常与对投资商和国家均有约束力的仲裁相联系——现在就有约3000个双边或地区投资协议生效。这类协议保护国外投资商不受东道国政府的随意处理。但是，在连续多轮谈判中，资本引入方因缺乏关键的市场影响力，在与他人竞争时倍感压力，为获取国外投资要接受不断拓展的规定，甚至涉及一些基本问题，比如，投资构成、投资者、征用等。结果，在国际仲裁约束的威胁下，国外投资方可以将他们的商业风险与新法律和规定隔离，或是要求东道国政府为违反协议做出补偿，即便东道国的新政策依据合法的公众利益制定，如新劳动标准或环境与健康规定，即便它以非歧视的方式对国内和国外投资者同样适用。分析了这一现象以及可能受影响的东道国保护人权义务的履行能力，我希望建立一个更广泛的对话，关注更平衡也更具人权兼容性的投资协议需求。

对大规模项目而言，东道国与跨国企业间的正式关系依照惯例开始于东道国政府协议：一份双方之间针对特定项目的合同，不论是采矿业务、电子通信系统、糖业种植园还是收费公路建设。投资方似乎处于母国和东道国即将达成的国际投资协议的保护之下。确实，国外投资方可以在任一

"母"国自由地合并独立项目，只要与目标东道国相比，这个"母"国能提供最满意的协定保护"它的"投资方。另外，为进一步保护国外投资方，项目合同通常包括"稳定"东道国现存法规背景的条款。感谢国际金融公司的合作，我得以获取并查阅了约 90 份此类合同。最主要的发现是：（1）在跨国企业与经合组织成员国签署的合同中，没有一份允许投资者免除新法约束，少数例外为保护公众利益修订了一些稳定条款；（2）多数非经合组织成员国的合同中都有将投资者与新的环境和社会法隔离或是对遵从新法进行赔偿的规定；（3）最普遍的稳定规定出现在撒哈拉以南的非洲国家签署的合同中，在我得到的 11 份合同中有 7 份特别免除或补偿项目执行期内所有新法的执行，其中一个案例制定于半世纪前，企业不必考虑保护人权或任何其他公众利益的相关法律。[6]

　　这一研究引发了各方强烈的兴趣，尤其为非洲政府合同谈判者所关注。我们召集了若干次会议，与他们讨论这个结果。正因为如此，也促成了人权理事会非洲组对这个任务的强大支持。这些发现也引起了重要律师事务所的兴趣，在代表企业或政府进行合同谈判时，他们以为一些对国家影响过于艰巨无法承受的规定早已被舍弃不用，却发现事实上一直在使用之中。这两个因素的结合鼓励我发展出一套"建立负责任合同的原则"，帮助政府谈判者、重要律师事务所和非政府组织获取这一领域的专门知识。最终，这个合同原则也确实作为《指导原则》的补篇得以发布。[7]

冲突成本

涉企人权虐待伤害人民，这足以成为虐待发生时积极消除负面影响、进行缓解和补救的理由。但与当地社区不断升级的冲突对企业来说不是无成本的。我对这类巨额成本以及企业的支付方式颇感好奇。世界资源研究所 2007 年出版了少量的采掘业和基础设施项目的案例研究，指出企业的财务风险与社区及其他利益攸关方的反击相联系，可能会使项目在设计、选址、获取许可、建设、运营和预期收益的任何一个阶段耽搁下来，导致与当地劳动力市场关系紧张，财务、保险和安全成本增加，产量减少，出现工作时间被迫更改和商誉受打击而带来的间接影响，以及会有取消项目的可能，这些不利因素将迫使企业取消全部投资，放弃受损失的储备、收入和利润。在大规模业务中这一损失甚至可能多达几十亿美金。[8]2008 年高盛对国际 190 个主要石油企业的经营项目进行了研究，提供了该行业大量数据。[9]研究发现新项目投产——即泵中打出第一滴油——所用的时间与十几年前相比需要将近两倍的前期准备时间，造成了严重的成本膨胀。而延误的原因往往归于项目"技术或政治复杂性"，在"政治"类原因中包括社区和其他外界利益攸关者的反对。

高盛曾经对类似公司的某项目中的子项目做过一项独立保密的跟踪研究，我有机会看到了相关的研究成果，成果显示，非技术风险在大型石油企业所面对的风险因素占将近一半，"涉及利益攸关者的风险"是非技术风险中份额最大的独立类别。经进一步估算，该公司两年间在这个方面的成本可能增长了 65 亿美元，占年利润的百分比达到了两位数。这是个巨大的数字。公司中没有人注意到吗？进行深入的观察后，我发现这类成本在公司中很容易被分解，财务部门可以将它归入其他不同经营单位和部门的地方运营成本，而不作为单独类别计算总数，以防引起高级管理层和董事会的注意。[10] 我曾开展过采矿行业的其他调查，研究表明，假如一家矿业公司的起始资本投入大概在 30 亿 ~ 50 亿美金范围内，以净现值法估算，每延误生产一天大致损失 200 万美金。回想一下我们在前言中详细介绍过被频繁关闭的亚纳科查，还有现在的米纳斯康佳，这两家矿业公司的经营规模就属于这个层次。或许最容易被忽视的独立成本就是用于管理社区冲突时支付的员工费用。采矿行业的工作设定是资产经理用 5% 的时间来处理社区冲突。但研究确认的案例中，这一数据高达 50%，个别案例中甚至达到 80%。如果这类冲突无人处理将会不断升级，可能导致财产损失和破坏，甚至导致更为严重的社区成员和公司雇员的伤亡。

这是一种双输局面：企业侵害了人权，作为代价又招致严重的成本投入。避免社区冲突的成本，比如与活跃的利益攸关者建立密切联系，执行人权尽责，建立有效的申诉程序被看作是企业资产负债表上的直接成本。这种信息不对称使企业在自身的企业社会责任和社区参与努力中失利，相对于能带来收入的运营单位，这些投入被看作纯粹的成本中心。

我将这些发现汇报至人权理事会，并在几乎每次针对工商团体的讲话中都提到这些发现。现在，这个成本真相得到了更好的认知，企业对这项成本开始进行总体核算，并引起了管理层、董事会、股东和调解者的注意。

治外法权

我们终于还是要面对治外法权（ETJ）这一困难的议题。这是整个任务最初向多方利益相关专家进行咨询的主题之一，也是最终的主题之一。原因我们已经详述，涉及人权的治外法权仍有很高的争议性。"最紧要的是合法性问题，这看来很难立即充分解决"，我在2010年递交至人权理事会的报告中这样写道。"但当前僵局的规模必须，而且能够减小"。[11]我采取两个步骤尝试去打破僵局。

第一，我在理事会报告中指出了关于治外法权两种现象的重要区别，它们在商业与人权领域的热烈讨论中经常被混淆。一是司法权直接行使于发生在国外的行为人或行为，就像刑法体系在管理儿童色情旅游方面就仅凭国籍追究嫌犯，而不在乎罪行发生的地点。这直接要求国家法庭，比如德国，要判定其公民发生在另一个主权国家，比如泰国的行为。另一种形式的治外法权是牵涉到或许拥有辖区以外含义的国内措施：比如，要求在本国股票交易市场上市的公司不论国籍都要汇报世界范围内的风险，不论风险可能在何处发生。可以确定的是，后一种治外法权有辖区范围外的含义，但完全依据领土为司法基础，而且其正当理由是保护本国投资者。确实，我的论点是领地性和治外法权不应被看作简单的二元对立术语，它包含一系列措施，不是所有措施都要符合是否处于遵从管辖权范围之内。我建议在商业与人权领域区分措施的范围。

第二，国家明确同意在某些情况下，在一些政策领域行使域外司法权，但这些政策领域并不包括工商业与人权。为了更好地理解是什么因素造成了理性接受域外法权的变化，我委托进行了一个在反贪污、证券法、反垄断、环境管理以及刑事和民事司法中通常运用治外法权的研究。[12]主要结论是多边措施看来比单边措施更容易被接受；基于原则的方式比基于指令性规定的方式受到的质疑更少；在确认行为或行动的错误上达成的国际共识的程度将起到重要作用；受质疑的行为或行动相对特征明显且容易定义，而不是一个完整的政策领域，例如一揽子商业与人权问题。我将这个概念和实践经验并重的工作成果运用于规划指导原则。欧盟随后也在工商业与人权、欧洲企业的环境影响和进一步发展企业社会责任等问题中进行了域外法权的研究考察。我们将在后边详述。

的确，我和我的团队或许可以从事其他领域的战略研究，而且其他问题研究尚待深入探讨。尽管来自全世界律师事务所、大学、智囊团和赞助者的无偿援助不断增加，但任务小组的能力仍然非常有限。而且，看似漫长的6年时间其实也很短暂，那些通往最终胜利的其他路径同样需要关注。

Ⅱ. 确保程序合法

要建立一个切实可行的政策制定基础，建立基本共识非常重要。但是，政策建议是否为决策者所牵引正体现了程序的可见合法性的功能。在联合国背景下尤其是正如我的任务所要面对的独立但体制薄弱的人权"特别程序"，包容性可能是可见合法性的重要决定因素。受害者是否参与？所有的利益相关方是否得到了倾诉的机会？不同国家和地区的不同情况，包括经济发展水平，法律系统特征和经济活动的不同组织和治理形式是否被考虑？哥本哈根大学的卡琳·布马恩教授将此称为"程序合法"，而且她认为我的任务能取得成功至少部分归功于此。[13]

确保程序合法的方式之一是我在执行任务的程序中确保了地域的广泛性和内容的包容性，它包括了全世界47次正式磋商。部分是大型的利益相关方参与的多边会议，这些会议在曼谷、波哥大、布宜诺斯艾利斯、约翰斯堡、莫斯科和新德里等地召开，吸引了来自这些国家和周边地区的参与者。在日内瓦联合国欧洲总部举办过两次全球磋商。瑞典在担任欧盟轮值主席国期间，在斯德哥尔摩召集了欧盟范围的磋商。针对一些技术主题召集了多次专家会议，我们将主办地点设置在愿意提供资金支持的国家的首都，由律师事务所或各大学提供办公场所，其中也包括我所任教的大学——哈佛大学。我们非常注意在每次活动中确保参加者在地区上的平衡。我和我的团队在二十多个国家对企业运营进行实地考察，对当地利益攸关者进行访谈。我自己就与官员在各国首都开过不计其数的双边会议。《指导原则》的评论概要在网上发布，征询公众意见，与人权理事会各代表团、来自各大洲的工商企业和联合会以及民间社会团体进行讨论。之后在网上全文发表了《指导原则》征询公众意见，吸引了120个国家的3567名访问者。草案也在理事会非正式会议和多利益相关方专家会议上讨论。这些不同的观点和经验令任务组的工作受益匪浅。而且，理事会在决议中称赞《指导原则》"与来自所有地区对议题感兴趣的参与者进行了广泛、透彻和包容的磋商"。[14]事实上，在某次理事会会议中，一名政府代表对《指导原则》唯一的批评立场竟然是"包容性"，这名代表来自法国，他认为我当年的报告中对法国事情提及的太少。

布马恩教授注意到，按照联合国人权任务标准，这个水平的磋商可以说是相当普遍且无特殊之处。但是她认为特别的地方在于"那些在国际立法前没有发言权的预期责任承担者们成为参与磋商的对象"。[15]布马恩所说的"责任承担者"是指工商企业。她指出，这次任务当中，企业参与度之高，与之前的《准则》形成过程形成了鲜明的对比。《准则》草案是少数专家在日内瓦会议室与一些人权非政府组织和从事学术研究的人权律师共同草拟的，工商界联合会（或负责相关事务的政府）参与有限，且介入时间较晚，几乎不可能对草案进行彻底的修改。

我邀请广泛的工商界参与我的任务，此举并非没有受到民间团体的批评。因为以下三个原因，我认为这个环节必不可缺。第一个原因是出于内容性的考量。在确立体系之前，我认为很有必要让企业去鉴别、防止、缓解和补救他们可能卷入的人权伤害，更好地了解企业怎样管理其他领域的负面影响风险，例如健康与安全，反腐，环境问题，或是员工刑事犯罪的风险。要实现这一目的，必须邀请工商界参与协商，接受我和我的团队成员实地考察其经营。我因此获取了其他方式无法获得的信息，例如，在我研究企业与社区发生冲突的成本时，资料都来自工商企业自身（我通常将企业实地考察与独立组织社区、民间社会团体代表会议相结合）。

第二个原因是战略性的。国际法和管理政策学者长期坚持规则制定程序要合乎义理，使规则适用方发挥"遵约动力"，增加他们遵守规定的概率。[16]当规则设置系统缺乏强有力的强制实施机制时，正如在工商业与人权领域，这一观点则显得尤为符合实际。这并非意味着工商界代表总是同意我的观点和立场。那几乎是不可能发生的，事实上，部分工商企业或协会甚至试图成为彻底的破坏者。德国的一个工商联合会——BDA（德国雇主协会总会）就是一个恰当的例子，他们相对更具保守倾向，多数时候都依靠他人的推进，直到项目终了。但贯穿始终的是，工商界知道其观点和立场被倾听并被加以考虑。另外，因为企业代表通常都开展企业社会责任，让他们参与项目协商会使他们更好地洞察企业，推进我们双方的目标。

第三个原因是政治考虑。将商界人士排除在国际规则制定程序之外，就意味着他们可以游说国家政府试图破坏这一程序，这种情况曾经发生在《准则》制定过程中。相比之下，在 2008 年，就《框架》关于国家保护人权义务的条款范围问题，美国政府也曾威胁要在人权理事会制造麻烦，此举很可能引起其他对人权不够热衷的国家共同反对，最终是美国国际商业理事会出手相助，说服政府做出了让步。

我与非政府组织的合作同样持久，只是依据组织类型采取两种差别甚微的方式：一种是纯人权倡议组织，另一种是有涉及商业的实际运营活动的非政府组织。前者，例如，人权观察和国际法学家委员会，他们积极参与任务磋商，帮助鉴别那些来自第三世界，能真正代表受影响个人和社区的参与者。但我们在一些实际问题和问题解决方法上保留各自的意见。

在实践方面，尽管我们都被促进和保护人权的期望所驱动，但我们的目标在一个基本方向上又有所差别。倡议组织的立法意识促使其成员设想进一步发展国际人权法，我的设想是产生约束动力，在最大程度上以最小的时间投入减少涉企人权伤害的发生。同时，这些组织的目标可能有所重叠，但在"出发点"和"开展方式"这两个方面愿景不完全相同。另外，因为在第二章中曾经详述的原因，我发现，即使在理论上也无法把全部商业与人权问题放置在国际法律框架之中或者合适的位置上，更不用说通过政治手段实现。

在方法论方面，这些组织一直试图将我的任务嵌套进更经典的人权模式中，以处理国家人权侵害的方式处理商业人权问题。与之相比，我尝试着超越商业与人权背景原有方法论所提供的有限的机会空间。例如，当人权理事会考虑将我的任务延期到 2008 年，让框架"可操作化"，某重要倡议组织领导给提起决议的五个联合发起国的外交部部长写信，声称我为涉企人权伤害的受害者做得太少，并督促他们在我的新任务中增加对企业的具体指控和进行调查的内容。我理解而且赞同为受害者见证和发言，这是人权战术中必不可缺的组成部分，可以提升公众认知，对恶迹公司点名羞辱。但制定一个普遍使用的指导原则并确保它得以采用，需要进行敏感度极高而又极为复杂的努力，我不相信这类努力能适应不同的对抗性情形。我担心，不论我在个人讨论中持什么立场，相关公司和其政府都会将我的普适建议视为具化于某些特定事件之中的看法。另外，我与遍及世界的受害个人与社区见面，从他们那里获取经验，其中部分见面机会得力于这些非政府组织的帮助。只是一旦我感觉自己抓住了问题要害，就只想集中所有能量去发展解决它们的有效方式，而不去鉴别它们表象上的变化。最终，外交部部长们同意我任务的主要方向维持不变。

在商业与人权领域中有运营活动的非政府组织完全与纯人权倡议组织一样，尽心尽力地揪住企业为人权负责。但他们为实现这个目的可以接受更多样化的路线，而且能更灵活地看待我的任务。例如全球见证组织，他们在冲突钻石①的

---

① 冲突钻石指产自那些由与国际公认的合法政府对立的部队或派别控制地区的钻石，被用来资助反对这些政府或违反安全理事会决定的军事行动。

国际管理中因为极具开创性的工作而名声大作，现在又继续前行，任命（并支付薪水）其研究人员在我的任务小组工作数月，以调研冲突地区的人权问题，接着，像第三章中提到的那样，为促进人权尽责应用于民主刚果共和国的采矿企业而努力。乐施会为我的任务发起了"发展操作层面的申诉机制"研讨会，还发起"清洁成衣运动"，以评估利益攸关者推动组织对全球供应链工作场所条件的提升效果。

通过总部在日内瓦的全球总工会和经合组织工会咨询委员会，我与工人组织保持极佳的联系。他们对人权推动组织的主要担心在于这些组织可能要修改来之不易的劳动标准，这一标准已经在国际劳工组织包括国家、工商业、工人的三方系统中得以广泛磋商。这成为《准则》进程中工人组织阻力的来源。但我没有修改劳动标准的野心，只是广泛依赖国际劳工组织和工会总会去获取任务中关于国际劳动标准的信息。

程序合法的另一个关键因素是保证程序过程的透明度。一个总部在伦敦的商业与人权资源中心很热情地为我的任务开设了门户网站。[17]的确，在那里所有任务内容都可以发表，任何人也可以在那里发布对我工作的所有批评。每当重要问题出现危机，我会在网上回应批评，从而引发持续的公开对话。很显然，在联合国之前的人权特别任务并没有进行这样的沟通。同样突破先例和礼节的是，我直接给每个人权理事会代表发送大量的研究报告、我的讲话稿和其他更新信息（为此我第一次创建了我自己的电子邮件联络单）。与单纯依靠每年在理事会或偶然的非官方洽谈会上跟理事会成员见面相比，这种方式更容易与代表建立非正式联系，能更好地与他们交流观点和信息，而不必受限于年度报告那10700个字的字数限制。

最后，为了制定战略指导，获取更大的任务可见度和其他合法性，我为任务建立一个顾问组，其中包括来自不同行业和地区的著名学者，还邀请科菲·安南和爱尔兰前总统、联合国人权事务高级专员玛丽·鲁宾森共同坐镇[18]。

Ⅲ. 在实践中引入新团体

联合国人权特别程序最初由多个国家机构为处理人权伤害而设定，它要求任务承担者必须与各种相关参与者团体接洽，例如受害人及其代表、国家实体和关注人权保护的国际组织、民间社会组织和人权律师、政府的人权机构和为建立新标准而组织的不定期立法论坛。但是，在工商业与人权背景下，一些新增的实践团体能强烈地影响工商业关于人权的行动，但这些新团体自身对这一事实却毫无所知或知之甚少，他们的使命原本为完全不同的利益或关注驱动。因而，我的关键目标是确认这些实践团体的参与方式，向他们学习，提升他们的人权认识，尽可能地寻找有效方式利用他们的影响力去制衡企业。

在前面的章节中，我简单地描述了我的投资合同谈判者课题。谈判者代表国家和企业，这个课题最终推出一个十步指南，以使谈判者能负责地谈判，在最初的合同条款中将人权关注与投资项目联系起来。这也促使我更紧密地着眼于国际仲裁程序，国外投资者凭借它可以起诉违背协定的国家。这些程序可能对国家造成困难，因为现存规则和执行者都来自个人商业仲裁领域，但是在更多的案例中又要根据公众利益做出决定。由于缺乏透明度，即使充分理解程序的工作流程，也很难将合同确立过程置于公众监督的监管之下：即使仲裁依据联合国国际贸易法委员会仲裁规则执行，公众无法了解到任何事情，更不要说自行解决的案例。由此而来，整体上既没有专家也没有公众处于合适的位置上对政府与国外投资者的合同进行评估。世界银行国际投资争端解决中心（ICSID）保留着一厚摞案例，可以随时公布结果，但基于争端双方的考虑资料仍然保密，除非双方一致同意公示。在联合国国际贸易法委员会官员的邀请下，我在几次理事会会议上就我的任务做了报告，因此获得机会倡议改变规则以提供更大的透明度，我认为，涉及人权问题时透明度必不可缺。联合国国际贸易法委员会最终设置了一个工作组，在投资方与国家的仲裁背景下重审这些规则。

与我合作的非传统利益攸关者中最重要的是公司法团体，在那些为任务无偿工作的事务所的帮助下，我们在长达数年的时间里就公司法和证券法课题进行了合作。参与的律师事务所和更多的专家不仅来自北美和多数的欧洲国家，还来自澳大利亚、阿根廷、博茨瓦纳、巴西、智利、哥伦比亚、中国香港、印度、肯尼亚、马来西亚、墨西哥、摩洛哥、南非和泰国等国。我召集了多次会议，邀请律师事务所、公司法律顾问以及学术和倡议团体的律师参加。与公司法团体的合作至少为我的任务带来四个方向的益处：第一，在合作律师事务所可以检查的 39 个司法辖区内，简单地定位了公司法和证券法是否存在与人权的交叉以及交叉的方式。第二，基于企业尊重人权的责任应该发展尽责需求，这些专家团体为发展尽责需求担当最初的宣传者，他们对企业其他领域的尽责行为方式有广泛的经验，了解什么对进程有益，什么规定已经被不同的司法所设置。第三，他们的参与能引起司法专业领域对任务的共同关注。其中，《美国律师》发表专门报道，加拿大的公司法律师杂志制作了封面专题，《商业伦理期刊》找公司法专家制作了讨论专题，印度也做了新闻报道，新加坡则专门建立了相关博客。我最喜欢的是一间法律师事务所在一次国际矿业大会上所展示的报告。PPT 中有这样一句要点："重要的矿业企业（例如英美资源集团和必和必拓公司）之间要赛一赛，谁的政策能够通过'鲁格验证'（Ruggie - Proof）"[19]（无疑律师事务所早已着手准备帮助企业实现）。这一层次的合作和公众关注带来第四项益处：它将我任务的可见度提高到企业最高层，超越企业社会责任部门的边界，进入了总法律顾问的办公室和"C 字头最高管理小组"——由首席合规官 CCO 负责，有时甚至是 CEO 或董事长。要令企业管理发生整体改变需要得到最上层的承诺，与公司法团体的合作提供了这个通道。作为给律师们的最终奖励，2012 年 2 月，美国律师协会委托机

构即协会的官方政策制定组织，认可了《指导原则》，并督
促政府、私人企业和法律团体整合各方的操作与实践。[20]

Ⅳ. 实路测试

会受到新规则影响的人和因循守旧的人总是习惯性地宣
称新规则不符合实际。最有效的反驳是展示新规则已经产生
的效果。因此，对《指导原则》中两个最为新奇而又具备
潜在长效的要素——人权尽责和经营层面的申诉机制，我一
直在寻找企业能对它们进行实践测试。在 2008 年框架文件
的提纲中，我描述了一些参与项目的企业评估了这两个核心
要素。另外，我召集了几个很小但是很有代表性的国家，考
察在冲突地区政府处理涉企人权虐待风险时应该采取的实践
步骤。

尽责

全球契约荷兰网络下属的 10 家荷兰公司同意进行可行
性研究，考察不同因素给企业尊重人权的责任带来的影响，
尤其注意尽责需求这一因素。这个名单包括这些广为人知的
公司，如阿克苏诺贝尔、荷兰银行、飞利浦、壳牌和联合利
华。这个项目组招募了曾为我团队服务的成员去管理这个
18 个月的项目。整个项目分为三个阶段：第一个阶段是保
密的"差距分析"，根据框架梗概确定各公司与尊重人权这
一责任相抵触的系统和实践行为。这将检验企业能影响国际

公认人权的各项职能，包括人力资源管理、采购、安全、市场、研发及其他，了解各企业当前为尊重这些权利所尽的责任达到什么程度。第二个阶段由一系列的工作坊和研讨会组成，参与者是我的团队和大范围的利益攸关者，就"企业管理与人权""人权风险和影响评估""框架的申诉机制规定"等主题与这些企业交流观点和经验。最终，项目组发行了一本指导手册以记录工商业界应吸取的教训。这本手册指出企业有一些零散琐碎的人权相关政策和实践，但这些政策和实践通常并非特别聚焦于人权，而且一直没有进行系统化的联系，同时它还找出了企业目前存在的差距和缺陷。由此可以确定"人权尽责是实际而且可实现的方式，能指导企业在他们的业务中尊重人权"。[21]

后继研究由总部在伦敦的人权与商业研究所进行，他们选择了代表更大地理范围的 24 家重要跨国企业，检查这些企业将人权尽责程序导入实践的效果。他们断定，没有一家接受调研的企业全面将人权整合纳入各个方面的管理。尽管对企业来说，这确实是一项颇具挑战性的任务，但迄今为止的经验证明"若工商企业倾力投入，人权尽责是可能实现的。"[22]

申诉机制

即使在理想环境中还是会发生失误，当失误发生，补救便必不可缺。商业与人权问题补救措施的焦点多数集中于司法系统，这是可以理解的。我还想考察一种可以进行早期求助的申诉机制，企业可以自己建立或参与其中，但我几乎找不到这样机制的案例。因此，我提议展开了一个一年的研究和系列研讨会。[23] 关于企业尊重人权的责任，经营层面的申诉机制可以潜在地实现两种功能：第一是作为早期预警系统，让针对企业的申诉在升级之前得到确认和补救，从而防止伤害恶化。第二是作为反馈环，防止企业陷入当前或潜在的负面人权影响信息。通过分析投诉的趋势和形式，企业可以确认系统性问题，采用相应的对策。同时，不管怎样，这类申诉机制面对的特殊挑战是：它由企业自行设计并管理，这必将招致成见和批评，此举被认定是违法的补救来源。要处理这一风险，建立有效合法的强大尺度非常重要，我们经研究提出了一系列此类尺度，我想对其进行测试。

2009 年 3 月，国际雇主组织、国际商会和经合组织的工商业咨询委员会同意与我的任务合作，为这一目标设置试点项目。四家来自不同行业的企业自愿参与，它们分别是科本·戴尔·塞勒庄公司，这是哥伦比亚最大的煤矿生产商，由英美资源、必和必拓以及超达煤业共同投资；香港的溢达集团，该集团在越南分厂试点了申诉机制；俄罗斯联邦的萨哈林能源投资公司，由俄罗斯天然气股份有限公司、荷兰皇家壳牌、三井集团和三菱集团共同投资；特易购百货，一家大型英国超市，业务触及南非大量的水果供应商。另外，还与惠普技术公司合作了一个附属项目，重审它帮助两家中国供应商采用员工申诉程序的近期效果。试点项目需要与企业和他们在当地的利益相依方合作，根据任务组草拟的效果尺度来设计或修正申诉程序。试点的目的是双重的：其一是测试优势，依据《指导原则》建立的机制是否可以作为补救受影响利益攸关者的方式，可以作为风险管理和实现企业责任的方式；其二是了解原则怎样才能进一步改善，以便反映业务的实际情况，令企业更好地实际应用。试点项目共进行了 18 个月，在此期间，团队成员定期访问试点企业。结论汇报在指导原则第 31 条及其评论中，规定了申诉机制效果的 8 个尺度。《指导原则》还附加了一份详细报告，直率地讨论了这些问题。[24]

鉴于法律改革向来进度慢，法律求助也并非必要，甚至对受害者来说法律求助也不是上选方式等原因，我试图确认和促进另一种更常用的解决争执的机制。最终，我建立了一个在线资源库：商业与社团共寻解决方案（BASES）。[25] BA-SES 维基是一个全球范围的合作工作空间，在那里可以分享信息，学习如何解决商业与社团的争执。它提供多语种信息，提供全球、洲际、国家和当地的各种可用机制，并不断改进以满足不同观众的需求。人们可以从用户上传到社区的丰富经历和信息中得到所需的资源，这正是这个网站的价值所在。它在 2008 年正式开放，很快就介绍了 370 个争端解决机制，提供了 140 多个国家的商业与人权概况，拥有了大约 1500 名用户。BASES 维基还发布了由我的团队制作的三部纪录片，记录了社区与企业间的成功对话，以及尼日利亚、秘鲁和菲律宾的调停效果。这个网站最初为我的任务建立，与世界法律论坛联办，是一个为商业与人权持续争端进行国家或当地调停的全球网站，由哈佛肯尼迪学院企业社会责任推动组织为它提供赞助。

穿越人权尽责、经营层面的申诉机制和另一种更通用的争议解决方法这三种推进方式的共同线索是它们扩展了可利用手段的工具包，在一开始就减少人权伤害的发生，在伤害发生时能提供即时就近的补救。

冲突地区

我一直对冲突地区的工商业务保持兴趣和关注，因为那种环境往往会驱使企业卷入最恶劣的人权侵害形式。这不仅需要特别关注，而且没有政府能令人信服地宣称现行的国际人权体系即使在这种环境也能行使职能。

为了考察制定强效措施的可能性，我邀请了少数国家参加了三次非公开研讨会，地点在纽约郊外联合国专用的会议中心。我有意不想让参与者仅仅发表他们对特殊事件的外交政策观点，所以研讨会没有特别强调某些具体冲突。取而代之的是每个环节都被设置为围绕不同场景的头脑风暴，那些场景是我提前告诉参与者的，这就像一次虚拟路测。另外，我邀请参与者不仅来自外交部，还有来自经济责任机构，包括发展援助机构和出口信贷机构。

每个环节中，参与者要根据场景作为母国、东道国和邻国来确定他们的政策选择范围，假设他们曾经或有能力防止、阻碍冲突背景下的涉企人权虐待。在每一场景中，业务行动的性质各不相同，而且各场景中的假定伤害不断升级，形式多种多样。参与国家要基于已知的利益处理这个问题，比如之前和当前的表现、参与进程的意愿，以及代表母国、东道国和邻国平衡各种国家关系。比利时、巴西、加拿大、中国、哥伦比亚、加纳、危地马拉、尼日利亚、挪威、塞拉利昂、瑞士、英国和美国同意参加。指导原则第 7 条和我随《指导原则》递交给人权理事会的冲突影响地区报告直接从这个项目中获取了信息。在某些案例中，它为发生相关问题的国家资本提供了一个非常有效的非正式外交渠道。它还为在这一领域制定可能的法律文书提供了非正式指导。

Ⅴ. 获取认可

人权理事会对《指导原则》强有力的支持是它得以确立的必要条件。若没有这个支持，《指导原则》就会与其他努力争取注意的倡议一样，如过江之鲫一般挤成一团，却没有一个能形成的规模。支持这一任务的动力就来自理事会高度的积极评价。但获得这样坦诚的肯定却依赖于两个附加步骤：可信的外界利益攸关方表达类似的强烈支持，以及有效的内部政治努力去获取一致认同。

《准则》草案第一次呈现于人权理事会的前身人权委员会时，主要的国际人权组织都表达了强烈的赞同。尽管与我的合作贯穿至整个任务期，但这些团体对《指导原则》从未表现出类似的热情。我曾经详述过这个原因，早期我的官方任务就是担当"准则杀手"。这样，我对这些组织的最大期待就是能承认《指导原则》有效，同时声明原则不会过犹不及。
这也正是这些组织所持的立场。更重要的是，很多非政府组
织，包括最主要的人权组织，已经开始在倡议和工作业务中
使用框架和《指导原则》草案，真是事实胜于雄辩。

有些倡议团体缺乏热情，或者批评《指导原则》对工商
团体更为有利。在理事会即将开会时，我鼓励工商界协会，
独立企业和律师事务所，特别是与我合作过各项研究和试点
项目的事业伙伴们给他们的政府写信支持《指导原则》，或直
接发给理事会、发给我，或在网上直接发布。来自不同地区、
为数众多的支持增强了很多理事会代表的决心。

《指导原则》的决议通过从开始草议到协商，再到建立
一致的处理落实的后继机制，这一过程是政府间程序：由挪
威带头，阿根廷、印度、尼日利亚和俄罗斯这些其他发起国
跟随附议。执行这一程序超过一年后，我在挪威主持的系列
活动中，从日内瓦大使晚宴到纽约的部长级会议，一直向各
国政府表达这个意愿：任务的最终成果将是一整套指导原
则，尽管理事会对这个法律文书没有特别要求。至于理事会
能否通过这个原则，会采用什么"动词"表达重视程度，
我都没有进行过多预期。其他发起人召集他们代表的各地区
小组定期召开简要汇报会。在最终决定性的理事会会议中，
厄瓜多尔率先表态反对通过《指导原则》（唯一的反对声
音），指责它没有法律约束力，在通过包括资本平衡的非正
常渠道努力后，他们与联合发起人"团结一心"，加入一致
通过的阵营。

Ⅵ. 实现趋同共存

人权理事会毫无异议的一致赞同确保了《指导原则》成为商业与人权领域权威的联合国标准。但是，对它自身来说，这些并不是必然意味着其他相关国际标准设定组织将自动遵从联合国并依据《指导原则》修改他们自己的标准。不同的机构有不同的使命，这通常反映了它们所有代表的部门或地区的利益和关注。因此，围绕《指导原则》实现趋同共存需要进行切实的努力。

趋同共存令人向往有两个原因。第一，减少标准之间的竞争，为工商界和其他利益攸关者提供更清晰更可预测的标准。这样才能产生更大规模的改变，并让改变随着时间不断加深。第二，其他标准设定组织在其领域的实施能力正是联合国所欠缺的。经合组织准则加入了投诉机制；国际金融公司影响获取资本；ISO 标准在亚洲享有更高的关注，这一标准滋养了规模可观的咨询行业，为企业提供守规方面的建议。欧盟是世界上第二大跨国企业集团总部所在地，它的核心机构有一个任务：就广泛的问题建立通用政策。

由此，"保护，尊重与补救框架"在 2008 年刚得以通过，我就和这些标准设立组织合作，尝试能够实现一定程度上的趋同共存。我们成功了，随着联合国的后继程序，人们可以预见此类关键制度紧密关联，推进本质相同或互为补充的工商业与人权标准的雏形。

经合组织是个受欢迎的合作伙伴。其《跨国企业准则》推出时受到来自非政府组织、工人组织和我个人的严重批评，这种批评休现在我的联合国人权埋事会报告中。因为它缺乏人权章节，而接受申诉的尺度又要求存在某种"投资联结"，并允许国家联络站依据他们的判断去处理有关合同造成的供应链关系和金融中介机构的案件，同时，国家联络站也发现这一准则的申诉机制缺乏正式结果。经合组织秘书处和之后的投资委员会（主要由各国政府构成，负责监督经合组织指导原则）开始邀请我参加一些正式会议，在那里我表达了期待经合组织准则重新修订的呼声。2010 年经合组织理事会同意照此执行，特别提到增加一个人权章节。我受邀作为"准则之友"参加经合组织修订进程，所谓准则之友就是委员会主席召集的一批外界顾问。那时，我负责的指导原则的草拟工作进展良好。联合国和经合组织可能制定两种不同甚至矛盾的工商业与人权标准。面对这种可能，工商业协会开始呼吁两种标准趋同共存。例如，美国国际商业协会和美国跨国企业商贸协会，写信给国务卿希拉里·克林顿，为依条件修订经合组织寻求支持。信中写到如下内容。

> 本次最优先修订的内容为添加商业与人权部分内容，对此我们强烈支持这部分内容能坚持并依据由联合国秘书长特别代表，约翰·鲁格教授制定的商业与人权框架。[26]

经合组织的工会咨询委员会同样支持这个想法，类似的还有经合观察组织，它相当于经合组织内部的民间社团。我和我的团队与经合组织的制定者共同工作,《经合组织指导原则》的修订稿全面支持我提出的《指导原则》中"企业尊重人权的责任"这一支柱内容,很多内容几乎一字不改。

凭借更多的非正式基础,我接受世界银行的私人企业分支——国际金融公司建立同样程序的邀约。这里的政治环境颇为复杂。国际金融公司早就计划修订它的环境与社会可持续发展政策,清楚地表明要通过投资和提供的咨询服务去解决这类问题,要求客户在项目周期中达到相关的表现标准。在磋商修订中,当我参加世界银行和国际金融公司的高层领导会议时,民间社会组织向国际金融公司施加压力,要求明确提及企业尊重人权的责任,就像在联合国框架中清楚表明的那样。但是现在,新兴市场经济和发展中国家在世界银行获取了更大的发言权,确认人权关注变得更为困难,因为一些银行董事会成员认为此举像一份有"附加条件"的捐赠,就像过去的西方政府强加给他们的援助一样。在这个特殊案例中,某些政府还担心如果企业行使有效的尽责程序会以此鉴别国家,将人权风险置入投资项目中。在一封给时任世界银行行长罗伯特·佐利克的信中,我指出企业尊重人权的责任关注的是工商界自身的人权负面影响,包括那些国际金融公司基金赞助的工商企业。我还列举了许多发展中国家已经发表的声明,以及在人权理事会联名发起支持我任务的决议。佐利克证实了我的信念,这封信可能对世界银行内部某些目标成员起到了作用,当他回应我最后一点时说:"你的信让我确信你所建立的全球共识包括了发展中国家的公众和私人利益攸关者的观点。这对世界银行组织非常重要。"[27]

这个拖延的政治进程最终得到了妥协，企业尊重人权的责任在国际金融公司的修订政策中被明确引用，紧密匹配《指导原则》的所有相应要素。这使得国际金融公司可以就预投资环境和社会尽责两个方面评估项目相关的人权风险。人权不再作为客户单独的行为标准。但是若干行为标准包括土著居民的权利得到强化；"行为标准一" 要求客户评估项目的社会和环境风险，保持一个有效的环境和社会管理系统；在标准介绍中提到利用性能标准行使人权尽责"可以使客户在项目中处理更多的人权问题"。[28]

ISO 是一个包含了 162 个国家标准制定组织在内的国际协会，例如，在美国就是美国国家标准协会（ISO）。它因为制定企业认证管理系统而举世闻名（ISO9000 是质量管理系统，ISO14000 是环境管理系统），2002 年 ISO 开始涉足社会责任领域，宣布有意建立一个社会责任标准（ISO26000），实际工作到 2005 年才真正开始。不寻常的是，这个标准以所有组织为目标，不仅针对企业，但是值得商榷的是，ISO 进驻这个领域，是察觉到机会，即可以利用它过去在企业管理系统的成功，去高度分散的企业社会责任领域抢占重要市场份额。它的声望来自专业的职业精神，也来自于它巨大的用户网络——10 万个特别注重质量管理标准的用户。[29]ISO 决策规定要求各国标准组织中所有利益相关团体内部达成一致。我指派了一名团队成员注意标准协商中人权因素的动向，待联合国采用框架之后尝试让 ISO 与框架保持匹配。

两名 ISO 进程的参与者发布了我的任务对 ISO26000 的影响预估，他们是代表瑞典的非政府组织的桑德拉·艾特勒和代表南非工商业界的阿兰·法恩。下面这段话出自艾特勒。

> 联合国框架能决定性地帮助 ISO26000 建立尊重人权责任的基准；将人权尽责要素作为一种适宜的手段，向各类组织介绍他们了解如何尊重人权，并能通过评估进行展示；澄清了"共谋"和"企业影响力范围"的概念。另外，支持框架有助于解决 ISO26000 进程的参与者的大量的分歧，提升他们对标准的人权部分全力支持的程度。[30]

法恩提到，最初，标准设置了社会责任行为"基准线"，低于这个标准，就是"不负责任"的行为。[31]这一措施在工商团体和部分国家遭到强烈的反抗，他们认为没有一套标准能够得到全体一致认同。但是框架中关于企业尊重人权责任的规定，即"意味着不侵犯他人权利，行使人权尽责"这一规定最终获得认可，并作为"国际行为规范"接受。在援引"企业共谋"这一概念时受到同样强度的反对，尽管经历了唇枪舌剑，ISO 最终接受了我 2008 年同一主题的报告，将其作为权威来源。或许最复杂的问题集中于"企业影响力范围"这个概念，相继的 ISO 草案中将其作为设定所有参与者的社会责任范围基础。如果这个定义成立，ISO26000相当于在最关键的基础问题上最终反驳了联合国框架和《指导原则》。我随即在给 ISO 领导层的短笺中解释了为什么我认为"影响力范围"方案是不可行的。我在本书前面的章节中也多次进行了这样的讨论。但某些非政府组织特别不愿意放弃"影响力范围"这个概念,因为他们坚信与影响基础方案相比,这个概念能为社会责任提供一个强有力的道德基础。最终,我在 ISO26000 的人权段落中占据优势,但还是会在文档中随处发现"影响力范围"的痕迹。[32]新标准得到了包括中国在内的 93% 的成员组织的赞同。

转到欧盟,2009 年 4 月我给欧洲议会一个委员会致信推广框架,礼貌但是强硬地批评了对自愿方式和强制方式进行生硬区分的做法,这一区分使得企业社会责任讨论在欧盟僵持了数年。那年晚些时候,欧盟轮值主席国瑞典就我的任务召集了一个欧洲范围会议,在那次会议上,我第一次试探性地从理论上解构了治外法权。随后,我团队的一名成员受邀参加欧盟针对该主题的试点项目。2011 年秋天,欧盟委员会发布了一套新的欧盟企业责任战略,期限为 2011 年到 2014 年。它包括了一个名为"实施《联合国工商业与人权指导原则》"特别行动,委员会号召"所有的欧洲企业依照联合国《指导原则》所规定,行使尊重人权的责任",并"邀请欧盟成员国将实施联合国《指导原则》定入 2012 年末的国家计划"。[33]

最终,2009 年东南亚国家联盟(ASEAN)建立了政府间人权委员会,其任务之一是草拟《东盟人权宣言》。2011年前期,委员会宣布将为东盟地区进行企业社会责任和人权的基准研究。我的团队成员为这个委员会做过两次简明报告,一次在他们访问华盛顿期间,第二次在东盟地区。后继的一个委员会代表声明如下。

> 这一主题研究的目的是制定东盟指导方针，它将全面遵守联合国框架，尤其是联合国人权理事会在 2011 年 6 月 16 日通过的《工商业与人权的保护、尊重与补救框架》。[34]

因为这些原因，在《伦敦卫报》的年终博客中，文章称 2011 年是"工商业与人权里程碑的一年"[35]——尽管我始终认为还有很多未尽的事要做。

Ⅶ. 结论

那么，我们此刻在将《指导原则》建立为国际行为规范的轨道中么？或者我们只如我之前所说的那样，只是结束了发轫期。

两个完全不同的利益相关团体——一个是站在工商业与人权第一线的倡议组织，另一个是传统行业的工商业协会，它们的观点显示一个重要的阶段结束了。国际企业责任圆桌会议是一个主导性人权组织的新联盟，它包括了国际特赦组织、国际地球权利环保组织、全球见证组织、人权优先组织和人权观察，这些组织在 2011 年 9 月举行了第一次年度会议，评估当前国家在工商业与人权中的表现，并制订一个通用方案去"开展企业责任运动"。一篇题为《最终主题》的报道总结了会议讨论内容，一位未署名的参与者写下了这段话。

鲁格的《指导原则》将成为未来十年国际人权框架的模板。应该就其原则进行更多的讨论，就高风险行业企业运用这些原则的预期进行讨论。该原则所具备的实际优势和宣传功效正是之前欠缺的。[36]

在国际石油工业环境保护协会这一全球石油天然气行业关于环境与社会问题的协会成立两月之后，协会召集了第一次研讨会，宣布"对尽责程序与申诉机制进行了更深入的合作研究，组成了精进的团队，将在上述两个领域设计并执行多年期的工作计划"。[37]这紧随《指导原则》公布的宣言，表达了对联合国后继任务的希望，那就是"帮助促进'保护、尊重与补救框架'实施和尽责建议得以通过"。[38]可以说，这两个组织完全赞同《指导原则》。两个组织都期待联合国《指导原则》能成为工商业与人权下一阶段工作的基础，因此承认我们现在拥有这个通用基础。

在国际规范生命周期内，我们要做的大量工作可以通过一个简单而有启发作用的发展模型来说明。研究规范形成、推广和嵌入实践的这一过程被学者描述为三个阶段。他们将第一个阶段称为"规范兴起期"，它的主要动力取决于所谓规范企业家的说服效果。在全球治理背景下，个体可以通过组织平台提取信息和专业知识，加入公众倡议以推广某个特定规范或某个系列规范。"建设认知框架是政治战略中最本质的组成部分，规范承担人要成功地使新框架与最大范围的公众理解产生共鸣，将新框架作为讨论分析问题时最常用的新方式。"[39]第二个阶段被称作"规范普及期",这发生在国家和国际机构接纳新兴规范之后。此时,支持规范的企业家和支持者会说服相关规则制定者,阐明规范对于他们各自组织的使命,甚至包括对企业立法的适宜性和有效性。第三个阶段被命名为"规范内化期"。这个阶段规范开始具备"理所当然的性质",并且被视为组织例行公事的一部分。职业人士,在工商业人权语境中主要指律师和顾问,通常担任重要的沟通代理人,将规范解释运用于行动计划、实施工具和绩效指示中。

这个生命周期模式不能预测哪些规范能走通,哪些规范会偏离或脱离路线。它同样不可能详尽描述不同环境中各种规范如何演进,原因之一是"新规范从未进入标准真空的环境,而是产生于高度竞争的空间,这个空间充斥着多个规范和多重利益"。[40]没有事前可预期的方式决定这些规范竞争是否能够解决,以及怎样解决。但这个模式给我提供了一个基准。

在主要涉及工商业与人权领域的国际标准设立组织中,对"企业尊重人权的责任"的定义、实际内容、范围和确立企业必须达到的要求方面已经"兴起"并很大程度上"普及"。它在"内化"和实施方面的效果如何还需观察。在跨国企业界,《指导原则》在很多领先企业中通过了前两个阶段,但内化阶段才刚刚开始。我推测大多数跨国企业和更大的中小企业领域对此了解甚少,即使关于《指导原则》。使政府接受保护人权不受工商企业侵害的义务,并能全面实施，这是一个意义重大的挑战，将会遭受包括来自作用日益凸显的国有企业的诸多挑战。而且越需要获取司法补救的地方残留问题也越多。

最后的章节将对这些评估开始进行探讨，并为今后的步骤提供思路。

注　释

1. Martha Finnemore and Kathryn Sikkink，"International Norm Dynamics and Political Change，"International Organization 52（Autumn 1998）.

2. 所有文章公示于 http：//www. business – humanrights. org/SpecialRepPortal/Home/BriefingDiscussionReferencepapers。

3. http：//amlawdaily. typepad. com/amlawdaily/files/wachtell ＿ lipton ＿ memo＿ on＿ global＿ business＿ human＿ rights. pdf.

4. http：//amlawdaily. typepad. com/amlawdaily/files/weil_gotshal_response_to_un_report_on_human_rights_and_business_final. pdf.

5. http：//www. reports-and-materials. org/Ruggie-corporate-law-project - Jul-2010. pdf.

6. "Stabilization Clauses and Human Rights，"*Report of Research Conducted for the IFC and the United Nations Special Representative to theSecretary-General on Business and Human Rights*，March 11，2008，http：//www. ifc. org/ifcext/enviro. nsf/AttachmentsByTitle/p_Stabilization Clauses and Human Rights/ ＄FILE/Stabilization ＋ Paper. pdf.

7. "Principles for Responsible Contracts：Integrating the Management of

Human Rights Risks into State – Investor Contract Negotiations：Guid-ance for Negotiators，" UN Document A/HRC/17/31/Add. 3 （May 25，2011）．

8. 世界资源研究所，"Development Without Conflict：The Business Case for Community Consent，" 见于 http：//pdf. wri. org/develop-ment_ without_ conflict_ fpic. pdf。

9. Goldman Sachs Global Investment Research，"Top 190 Projects to Change the World，" April 25，2008.

10. 部分研究报告来自 Rachel Davis 和 Daniel M. Franks 的 "The Costs of Conflict with Communities，" http：// www. csrand the law. com/ uploads/file/ Costs% 20 of% 20 Conflict. pdf。

11. "Business and Human Rights：Further Steps Toward the Operation-alization of the 'Protect，Respect and Remedy' Framework，" *Report of the Special Representative of the Secretary-General on the Issue of Human Rights and Transnational Corporations and Other Business Enterprises*，*John Ruggie*，UNDocumentA/HRC/14/27 （April9，2010），paragraph 47.

12. Jennifer A. Zerk，"Extraterritorial Jurisdiction：Lessons for the Bus-iness and Human Rights Sphere from Six Regulatory Areas，" ht-tp：//www. hks. harvard. edu/m-rcbg/CSRI/publications/working-paper_ 59_ zerk. pdf.

13. Karin Buhman，"The Development of the 'UN Framework'：A Prag-matic Process Towards a Pragmatic Output，" in Radu Mares，ed. ，*The UN Guiding Principleson Business and Human Rights：Foundation-sand Implementation* （Leiden：Martinus Nijh off，2012）．

14. UN Document A/HRC/Res. 8/7（15June2008），paragraph 3.

15. Buhman，"The Development of the 'UN Framework,'" p. 86.

16. 这一术语源自 Thomas Franck，*The Power of Legitimacy Among Nations*（New York：Oxford University Press，1990）。

17. http：//www. business – humanrights. org/Special Rep Portal/Home.

18. 这个顾问组包括科菲·安南（加纳），前联合国秘书长；索哈伊·贝尔哈山（突尼斯），国际人权联合会主席；约翰·布朗（英国），瑞通控股有限责任公司董事总经理、前英国石油公司总裁；玛利亚·里维纳斯·卡托（瑞士），瑞士石油冶炼公司董事会成员、前国际商会秘书长；斯图亚特·艾森斯泰特（美国），科文顿·柏灵律师事务所合伙人、前美国财政部副部长、商务部副部长、驻欧盟大使；路易斯·加列戈斯（厄瓜多尔），厄瓜多尔驻美大使、前联合国人权委员会副主席、联合国反酷刑委员会成员；内维尔·伊斯戴尔（美国），可口可乐集团董事会主席；海纳·吉拉尼（巴基斯坦），巴基斯坦人权委员会理事、前联合国秘书长人权事务特别代表；马凯硕（新加坡），国立新加坡大学李光耀公共政策学院院长、前新加坡驻美大使；纳拉亚纳·穆尔蒂（印度），印孚瑟斯技术有限公司主席；索尼娅·皮卡度（哥斯达黎加），美洲人权研究所主席、前美洲人权法院法官及副院长；西里尔·拉马福萨（南非），Shanduka 投资公司执行主席、前南非非洲人国民大会秘书长；玛丽·鲁宾森（冰岛），实现权力全球化伦理行动主席、前冰岛总统、联合国人权高级专家；盖伊·瑞德（美国），国际工会联盟秘书长；杨敏德（中国），溢达公司董事长。

19. http：//www. mineafrica. com/documents/A3% 20 – % 20Macleod%

20Dixon1. pdf.

20. http：//www. abanow. org/2012/01/2012mm109/.

21. Global Compact Network Netherlands，"How to Conduct Businesswith Respect for Human Rights," p. 12，available at http：//www. unglobal compact. org/docs/issues_doc/human_rights/Resources/how_to_business_with_respect_for_human_rights_gcn_netherlands_june 2010. pdf.

22. 发布于 http：//www. ihrb. org/pdf/The_State_of_Play_of_Human_Rights_Due_Diligence. pdf。

23. See Caroline Rees and David Vermijs，"Mapping Grievance Mechanisms in the Business and Human Rights Arena," *Corporate Social Responsibility Initiative Report* #28，Kennedy School of Government，Harvard University（January 2008），available at http：//www. hks. harvard. edu/m – rcbg/CSRI/publications/Report_28_Mapping. pdf.

24. "Piloting Principles for Effective Company/Stakeholder Grievance Mechanisms：A Report of Lessons Learned," *Report of the Special Representative of the Secretary-General on the Issue of Human Rights and Transnational Corporations and Other Business Enterprises*，*John Ruggie*，UN DocumentA/HRC/17/31/Add. 1（May 24，2011）.

25. www. baseswiki. org.

26. http：//www. state. gov/secretary/rm/2011/05/164340. htm.

27. 作者信件存档。

28. http：//www1. ifc. org/wps/wcm/connect/115482804a0255db96fbffd1a5d13d27/ PS_English_2012_Full – Document. pdf? MO

D = AJPERES.

29. Craig N. Murphy and JoAnne Yates, *The International Organization for Standardization* (*ISO*): *Global Governance Through Voluntary Consensus* (New York: Routledge, 2009).

30. Sandra Atler, "The Impact of the United Nations Secretary – General's Special Representative and the Framework on the Development of Human Rights Components of ISO 26000," 见于 http://www. business-humanrights. org/media/documents/impact-un-special-representative-on-iso-26000-sandra-atler-24-may-2011. pdf。

31. Alan Fine, "Impact of the Work of the UNSG's Special Representative on Business and Human Rights on Deliberations in the Industry Stakeholder Group in ISO's Working Groupon Social Responsibility," 见于 http://www. business-humanrights. org/media/documents/impact-un-special-representative-on-iso-26000-alan-fine-24-may-2011. doc。

32. http://www. iso. org/iso/iso_catalogue/management_standards/social_responsibility. htm.

33. "Communication from the Commission to the European Parliament, the Council, the European Economic and Social Committee, and the Committee of the Regions," http://ec. europa. eu/enterprise/newsroom/cf/_ getdocument. cfm? doc_ id = 7010.

34. 摘自印度尼西亚驻东南亚国家联盟政府间人权委员会代表拉凡迪（Rafendi Djamin）在 2011 年韩国首尔召开的国家人权机构亚太论坛商业与人权区域会议上的讲话。非盟也开展了一项行动计划，名为"2050 非洲矿业愿景"。它基于一个预备报告，声称"联合国'保护，尊重与补救框架'提供了一个可行而又全面的原则，适用于矿业运营中人权影响方面的国家义务与矿业公司责任"。http：//www. au. int/en/sites/default/files/O-verview%20of%20the%20OSG%20Report. pdf。

35. Alison Braybrooks，"Why 2011 Was a Landmark Year for Business and Human Rights，"（December 16，2011），见于 www. guardian. co. uk/sustainable – business/human – rights – business。

36. ICAR，"Building a Movement for Corporate Accountability，" First Annual International Corporate Accountability Roundtable Meeting，Washington，D. C. ，September 8-9，2011.

37. http：//www. ipieca. org/news/20111114/business-and-human-rights-collaborative – learning – projects – underway.

38. http：//www. ipieca. org/news/20110131/ipieca-provides-input-professor-ruggies-draft-final-report-un-human-rights-council.

39. Finnemore and Sikkink，"International Norm Dynamics，" p. 897.

40. 出处同上。

JUST
BUSINESS

第五章

下一步

对所有的旅程来说，最困难的部分往往是开始，我的任务确实也如此。我有个令人印象深刻的称谓——联合国秘书长人权与跨国公司及其他工商企业方面特别代表。但是，像我在前言中介绍的那样，这是大体上的称呼。我的任务最初限定于确认和澄清一些事务，而且我没有预算和工资。随着时间推移，物质束缚不那么明显，任务范围渐渐扩大。但即使如此纯粹的智力挑战也令人生畏。让国际人权体系适应围绕工商业的行为，要与部分当今世界政治和经济最明显的特征针锋相对：国家主权，国与国之间市场、投资和获取资源方面的竞争；新兴的全球势力对工商业和人权有独立的观点；很多国家管理薄弱或腐败严重；公司法准则让母公司与分支机构保持独立，大公司及很多政府的能力与影响不对称；大面积冲突地区；治外法权很少而且基础具有高度争议，此类例子不胜枚举……

我们应该如何构想一个议程，既能认识到这些限制因素还能避免被其压倒？在这个已经足够复杂的环境里，为更有效地保护个人和社区不受涉企人权伤害的挑战中又出现了两个不切实际的设想：其一是要完满实现这个目标，最好是将所有工商业与人权问题受制于一个有约束力的国际法律文书；其二是形成自愿倡议联盟，假设新管理工具和最佳案例的广泛传播就足以产生足够的推动力使公司能够自行发生实际的改变。但这两个设想都难以兑现：第一个是因为对国际公共治理体系抱过高期望，而第二个原因是因为这种情况几乎不可能出现。

本书之前的章节详述并解释了我提出的那个"另类"方案。它由公共、企业和民间三个同一模板的不同管理系统组成，在全球范围规范企业的行为。"保护，尊重与补救框架"确认应该做什么：国家有保护人权不受包括工商企业的第三方侵害的义务，必须通过适当的政策、规定和判决实现这个义务；公司有尊重人权的独立责任，这意味着工商企业应该通过人权尽责程序避免伤害他人的权利，处理他们涉入的负面影响；更好地满足受影响个体和社区获取有效补救的需求，包括司法和非司法。《指导原则》规定了这些事应该怎样去做，设置了需要的政策和实践，包括受影响人群在尽责程序和申诉机制方面的参与，以及监督另外两大群体违反《指导原则》基准规定的行为表现。

三大支柱应该相互支撑。首先是工商业，他们自己的责任包括根据尽责程序确定、防止、缓解和解释他们如何关注人权负面影响；积极参与他们导致或加剧的负面人权影响补救进程。即使没有其他支柱加入，"企业尊重人权的责任"

这一规定也用更多的细节讲清了企业应该如何达到责任基准。但是公司的尊重责任不是独立支柱。它依靠国家保护义务在一侧支撑，另一侧是司法及非司法补救。最终，在这个结构中，国家和工商业被来自民间治理范围的参与者联结起来。《指导原则》也与其他制定工商业与人权指南的努力有所区别：《指导原则》得到了联合国人权理事会的一致赞同，其他国际标准设立组织采用了它的核心元素，用联合国秘书长潘基文的话来说，是"防止和处理由工商业相关活动引起的人权负面影响的全球权威标准"。[1]

只有时间能告诉我们《指导原则》能否实际产生其被赋予的约束动力。这个总结章节汇报了若干在原则指导下已经采取的步骤，以及为了进程得以继续，我认为应该采用的后继步骤。

Ⅰ．实施

各种各样的标准设定组织和其他实体已经采用或以其他方式并入《指导原则》，后继步骤中的第一步是开始实施他们的承诺。接下来的段落将简单总结某些正在进行的行动，也包括联合国自身的后继措施。

联合国人权理事会建立了一个五人跨区域专家工作组继续跟踪任务。这个小组在 2012 年 4 月发布了工作计划。[2]他们的主要任务是促进《指导原则》的实施和推广，确认和交流优秀实践案例，帮助发展中国家和中小企业进行机构职能建设，以及为理事会提供进一步的建议。工作组每年进行两次国家正式访问，举办一次工商业与人权的年度全球论坛以查明总体趋势，确认《指导原则》在实施过程中所遇到的挑战。工作组与人权事务高级专员办事处一样，都期待着扮演《指导原则》监护人的角色，对各个参与方的表现进行追踪。这个工作组与之前的任务组一样，采用了多重利益攸关者方案和计划，与来自全世界不同地区的各种合作者共同工作。在工作组范围之外，秘书长潘基文发布了一个详尽的报告，建议联合国系统应该如何作为一个整体，为《指导原则》的传播和实施努力。[3]

欧盟委员会号召所有欧盟成员国在 2012 年底递交实施《指导原则》的国家行动计划；截至本书书写时间，丹麦、德国、荷兰和英国已经开始进行国内磋商。欧盟还发布了一系列进一步细化的指导原则，特别针对三类特殊行业和中小企业。第一个特殊行业是就职招聘中介机构，这一近年来迅速成长的行业。这些机构已经确认的负面人权影响包括人口贩卖、奴役、强迫或监禁劳动；拒绝提供公正舒适的工作条件；自由结社和集体谈判存在风险。第二个行业是信息交流技术公司。在这个领域主要关注言论自由和隐私权，以及供应链的工作场所标准。第三个行业是石油天然气工业。已确定的主要问题包括用地权，健康、清洁水源和食物等方面的负面影响，言论与集会自由，员工人身安全。"该项目制定的原则基于《联合国工商业与人权指导原则》"[4]，意在制定未来的欧盟政策和工商业与人权领域可能进行的立法，以及更广泛的企业社会责任。

前边提到《经合组织跨国企业准则》在修订中首次增加了人权章节，它依据并且完全与《指导原则》中企业尊重人权的责任相关规定匹配。几个重要增订内容如下：第一，经合组织选择金融服务行业进行更详尽的指导。之前，它要求存在"投资关系"才能将针对公司的投诉划入他们的管理范围，交由经合组织国家联络站（NCP）考察——这是其在42个加入国政府的官方投诉机制。这项要求在2011年宽松了许多。现在，根据OECD准则，借贷机构和其他形式的金融中介都有部分的尽责要求，这一实践的确有助于明确责任。[5]

第二，根据《经合组织跨国企业准原则》的新人权部分，投诉开始直接递交国家联络点。其中一个加速解决的案例就是一群阿根廷人和荷兰非政府组织投诉一家名为尼德拉控股的荷兰跨国农业公司，投诉内容是关于他们在阿根廷谷地的农业临时工人待遇问题。最后公司统一提高了人权政策，采用人权尽责程序，允许非政府组织通过实地访问监管这个特定业务。[6]这类国家联络点的斟酌裁定，在人权案例中具有"法学"的同等功能，将通过42个加入国政府逐渐形成——经合组织准则要求企业在特定环境中担负尊重人权的责任，这一官方解释具体化了《指导原则》可提供的更高级别指导。新规则同样要求国家联络点公开他们考察的每一个案例的结果。[7]这两个措施的结合能更大幅度地提高同行和全社会的学习借鉴。经合组织正在尝试将范围推到尚未加入准则的国家，例如，中国、印度、印度尼西亚、俄罗斯联邦、沙特阿拉伯和南非都受邀参加到准则的修订中。

进入国家联络点程序的企业通常缺乏合作，要么根本不参与，要么不理会它的不利裁决，因此，各国政府现在需要达成一致的是：对这种拒绝合作行为进行官方惩治——包括收回各种公共支持，如出口信贷和投资保险，直到企业表现出服从行为。的确，政府给企业提供这类支持恰恰反映出这一系统普遍的缺陷，它还不够统一，包括尽责需求，即使意向项目注定设置在人权高危地区。我曾经敦促经合组织出口信贷组织，他们就国家机构采用这些要求只制定了最低的标准。这表明该组织在这个方向想采取谨慎的步骤。在出口信贷组"通用方法推荐"的即将发行版本中，有望引用《指导原则》规定的企业尊重人权的责任，并添加某种形式的影响评估。[8]当然，每个国家的出口信贷机构可以自由根据自己的幅度接受这些条件，而包括中国在内的非经合组织成员将制定平行政策。

像我们在前面几章详述的，ISO26000 也包括了与《指导原则》非常接近的人权章节。它被正式命名为社会责任"指南"，而不是像 ISO14000 环境管理系统那样被称为认证标准。但是表面上看，认证标准的市场机会之大，大到难以抵抗。总部在瑞士的国际认证联盟是一个 35 个国家认证组织的协会，他们发布了自己版本的 ISO26000，将它命名为"国际认证联盟社会责任管理体系 10"（IQNET SR 10）。据国际认证联盟称，这一标准"确立了社会责任管理系统的必要条件"，可以使企业和其他组织"通过全球认证获取信任"[9]。

期待看到国际金融公司新的可持续政策和行为标准所引发的变化结果还为时尚早。因为投资项目都需要一定的前导期。但是，国际金融公司与私募股权公司不断增长的合作将一系列全新的参与者引入这个直到近期仍对社会、环境和治理问题关注很少的领域。少数几家类似企业，包括凯雷投资集团，这是全球最大的私募之一，为新兴市场建立重要的投资基金，他们缺乏经验，因此指望国际金融公司介入能带来更多金融方面的机构知识和关系。但作为回报，这些企业也必须遵守国际金融公司的规则——包括执行社会和环境影响评估。

追踪各个国家和企业的倡议非常困难，因为没有关于这类文档的全球档案室。企业倾向于不去公布其主要发展，例如采用了哪些新的人权政策，除非他们已经万事俱备，包括已培训了企业的员工。经验证明，一个大型企业要实施这些改变大约需要两年时间，政府政策的改变需要的时间更长。从现有信息分析来看，多数政府仍然处于计划阶段，还在组织研讨会和议会听证会，以了解《指导原则》对自身和所在地的企业意味着什么。

大多数企业发生了更为迅速的改变，尤其集中于怎样更有效地推进尽责程序落地，在某些行业（尤其是矿业）已建立站点层面的申诉机制。2012年2月，全球审计咨询公司玛泽在8个不同的股票交易市场调查了上市的矿业公司。他们的调查结果显示"65%的回答者切实致力于遵守（指导）原则"[10]。大量拥有复杂供应链的企业开始评估他们尽责系统的妥善性，以处理多层次供应商带来的挑战。另外，信息技术行业与以往相比参与度有了大大提高，这无疑是因为企业满足某些政府要求时遭到了用户的强烈反对，比如在阿拉伯之春期间一些信息技术公司向政府移交用户信息或审查他们的服务。史无前例的硅谷人权会议在 2011 年 10 月举办，发起方是谷歌、Facebook、雅虎、Mozilla 基金会和 Skype 等。会议通过了包括人权承诺的"硅谷标准"："不论政策还是实践，技术公司在制定最佳实践与标准运营程序时应该实施人权框架。这包括遵守约翰·鲁格从《联合国工商业与人权指导原则》中提炼的'保护，尊重与补救框架'"[11]。

国际雇主组织是全世界最大的代表工商界的协会，已在 143 个国家建立分会，它针对《指导原则》发行了一本《雇主指南》。[12]国际工会联合会也同样为工会会员们制作了指南。两本指南针对各自的成员组织使用《指导原则》进行了详细的说明。[13]据联合国工作组报告，民间社团组织"确实致力于促进、提高国家和工商企业对工商业造成人权影响的责任感，大量的例证援引了'保护，尊重与补救框架'和《指导原则》"。[14]还有一系列其他国际倡议依据或部分援引框架和《指导原则》，从联合国儿基的"工商业与儿童权利原则"到瑞士政府和国际红十字会共同制定的"私人保安机构国际行为准则"。[15]联合国全球契约发表正式声明，称《指导原则》对它捍卫人权承诺的"概念和操作进行了进一步澄清",他们还召集研讨会并提供各种手段增进对《指导原则》的理解。[16]

进一步实施和传播《指导原则》的进程还有待时间来完成,但当前情况下这一进程已经开始。缅甸就是个很重要的例子。昂山素季当选人民院议员标志着缅甸近期的政治发展,使得施加于这个国家的国际制裁终于解除。欧盟率先停止了制裁,2012 年 4 月 26 日欧盟外长发表了一个声明,其中有以下段落:欧盟认识到私人部门要对缅甸发展做出重要贡献,希望欧洲企业考察在缅甸的商贸和投资机会,要能促进最高标准的整合和实施社会责任实践。《经合组织跨国企业准则》、《联合国工商业与人权指导原则》和欧盟自身的 2011～2014 年企业社会责任战略中对此早有展示。欧盟将与缅甸的政府、私人部门和缅甸人民一起在可能范围内共同建立一个最佳法制环境。[17]

美国紧随其后发表了相同的关于企业责任的期望,政府更进一步要求在缅甸投资的美国实体提交包括人权部分的报告,其中特别引用到《指导原则》。[18]

缅甸是工商业与人权的一个特别挑战。这个国家自然资源丰富,却贫穷依旧。该国的贪污现象极为严重,正如透明国际清廉指数所显示的那样,它的清廉指数排在全世界倒数第三位。其法律规范能力较弱,司法系统远未独立。政府与当地工商企业利益盘根错节,军方在所有经济领域都占重要股份,据人权团体展示,诸如强迫劳动之类的虐待行为广泛存在。在这样的环境中,国际投资者要承担更高的尽责要求,包括反复提醒他们的用地许可来自何人、他们如何赢得许可、他们如何在受影响社区进行咨询。这还意味着确保工人能组织工会，为工人支付公平、合法、足以维持生计的薪水，在雇用工人时或工作环境中不发生强迫劳动。企业还必须采取具体步骤提醒他们的合作伙伴，不论当地的还是地区的都要坚持国际标准，并且不因任何过去的行为将投资方暴露于共谋风险中，要促使他们采取有效步骤去付诸行动以消除歧视，特别是业务所在地区出现种族紧张局势或冲突的时候。

要在缅甸取得切实进展，政府、工商业界和民间社会团体要共同合作寻找一条负责的前行之路。这意味着公司要咨询当地参与者，并评估工商业行为和关系的潜在人权影响。就像在《指导原则》中推荐的，外国投资者的母国应该为公司即将开展业务的环境提供清楚的指导，包括人权风险。同样重要的是，母国政府应该通过出口信贷和投资保险附加条件，促使公司承担人权尽责并且在存在潜在伤害时制订缓解步骤。最终，在这些激励措施作用之下，缅甸政府亲自做出将更负责地进行管理的承诺，这包括：参与采掘业透明倡议之类的多重利益攸关者倡议组织，公开从原油、天然气和矿业公司获取的收益，以及遵守《安全与人权自愿原则》这一针对为企业设施提供安保服务的公共与私人安保机构制定的行为基本规则。

分开来看，这些步骤可能各有各的重要性；集中来看，它们潜在地使缅甸成为《指导原则》帮助工商企业在极具挑战的环境中进行尽责运营的一个例证——尽管缅甸版本的"保护，尊重与补救"能否迅速到位并足以形成随之而来的投资洪峰，还是一个待解决的问题。

总而言之，《指导原则》的完善并没有随其通过而终结，在某种意义上，它才刚刚开始。实施阶段走上轨道后，进一步传播是联合国工作组的主要任务，政府和工商企业的后续推动和倡议正逐步落实于各个特殊行业。工人组织和民间社会活动者正将《指导原则》作为发起倡议和进行评估的基准。另外，《指导原则》自身没有确立新的国际法规范，但采用它的政府通过了建议，如果一家企业不能知晓并展示它对人权的尊重，这意味着声明只是声明，不是事实。这个软法原则与企业自身的业务原则结合，有助于推进主要企业去发展人权尽责系统。简单地说，我们正看到人们在不断地拓展与尝试，将《指导原则》嵌入企业经营当中。尽管在行业、地区和经营范围上不尽相同，但大家都是基于同一个规范平台和政策指导。

Ⅱ. 建设指导原则

在整个联合国任务进程中，我确认了几个法律与政策区域，它们对业务实践有直接约束，但操作与人权无关，而且，它们对人权这种影响却在很大程度上不为人所知。其中最重要的是国际投资协议和公司法。关于它们与人权的关联，主流认识还极为落后，但是，政策和实践因国家不同而极为不同，我只能给予特定的建议，不过两者都是进一步依据《指导原则》制定政策的目标领域。

投资协议

双边投资协定由两国政府共同认定。现在有约 3000 个
处于使用期限内的双边投资协定，这个数量自 20 世纪 90 年
代以来快速增长，反映出全球化和私有化的十年浪潮。在协
定期限内，资本输入国为来自资本输出国的投资者提供强制
执行担保。担保包括施用于投资者的待遇标准和发生征用时
的赔偿规定。协议对保护国外投资者不受东道国政府随意的
处理有关键作用。但是，正如之前章节所述，它的另一特性
是限制了东道国的规制空间，这也是它的不可取之处。何
塞·阿尔瓦雷斯是一位知名的国际法教授，曾为里根政府进
行投资协定谈判。他曾说在那个时代，美国双边投资协定的
首要目的是"巩固潜在的私法法律体系，这对支持市场交易
必不可缺——并且使国际法成为一种力量，消解公法规定对
市场的敌意"。[19]具体到东道国与国外投资者的争端，依照惯
例，双边投资协定允许投资者对东道国发起强制的国际仲裁
赔偿，而很多案例中，仲裁过程只是从商业仲裁领域中提炼
规定、吸纳人员，且只要求根据公众利益决定事情。随着时
间更迭，阿尔瓦雷斯所说的"敌意"规定被理解为包括劳
动标准、环境改善和人权保护。另外，与商法领域不同，仲
裁裁决没有上诉程序，允许存在不一致甚至矛盾的裁决。根
据一位专家的研究，因为在投资争端解决的过程中，制度化
的检查和平衡即使有也很少，所以，这一领域诉讼的投机成
分远远要比世界贸易组织领域中高出很多，那就是，投资者

总试图朝着对他们有利的方向不断拓展疆域。[20]

2007 年，针对我在伦敦曾进行过一次演讲，投资法与仲裁专家托马斯·瓦尔德教授认为我提出的"国家应该无惧与他们的投资协定义务发生冲突"这一观点过度提升了国家履行人权承诺的需求。他在一封电子邮件中写到下面这段话。

> 现在很多人权投诉造成的问题是投资仲裁法庭必须依据"适用法律"操作。这正是被（双边投资）协定限定的……如果仲裁人因为同情运用某些清晰司法权/法令之外的法则，仲裁人便超越了其司法权，就会出现取消/搁置的风险，还会危及他们的声誉。他们必须使用法律，而不是空想泛泛的愿望概念来面对不明确的软法索赔。[21]

但是，在曾经提到的欧洲投资者起诉南非案例中，欧洲投资者声称《黑人经济振兴法案》的某些规定不正当、不公平，等同于没收。政府并不是为"空想"或"泛泛"的概念辩护，他们在数十年的种族隔离政策之后试图通过自己的宪法和立法行动恢复正义。阿根廷政府在 2007 年的用水私有化进程中可能确实有些弄巧成拙，但其人民需要获取洁净充足的饮用水也没有任何"不明确"之处。当矿业公司希望扩展"版图"进入土著居民的祖先墓地时，保护土著居民的权利对矿业公司和东道国政府来说不是一个"软法"问题，因为土著族群可能就此签署过长期条约。简言之，双边投资协定的规则和工具以及仲裁程序应该不适用于限制或惩罚政府采取符合公众利益的举措，包括履行他们的人权义务，而且采取的措施对国外与国内的投资者有同等的影响。尽管如此，瓦尔德还是完全正确的：完善缜密的协定是十分必要的。但是直到现在，这样的协定还是很少，部分是因为缺乏知识，部分是因为涉及的双方实力不对称。

因为以下几个因素，这一情况正在发生改变：包括中国和巴西在内的新兴市场拒绝接受这类限制规定；西方国家，包括美国，越来越频繁地成为外国投资者的起诉目标；政府在联系更加紧密的全球经济中，需要充足的国内政策空间去管理彼此矛盾的政策目标和法律义务，这已经成为广泛的共识。[22]2007年，挪威草拟的双边投资协定模板标志着这个改变。据相关评论记述，双边投资协定的若干特征将对挪威自身高度发达的管理保护系统构成潜在的风险，包括环境和社会政策。它也强调了发展中国家对协议的脆弱性"将行为的政治自由与行使主权联系起来"。相应的，这个草案试图"确保国家对投资商行为进行合法管理的权利"并没有受到投资协议的严格控制。但是，管理权利必须基于投资者的意愿和预期、法律保障，有关国家行为的最低需求和征用事件的赔偿等因素进行平衡。[23]2012年4月，美国发布了双边投资协定新模板。像所有这类协定一样，该模板所采用的语言同样令人费解。但我发现非常有趣的是，在对政府部门的"情况说明书"进行推荐时，政府认为突出原因在于"它在为投资者提供强有力的保护和保持政府在公众利益方面的管理能力之间小心翼翼地进行校准和平衡"，双方有义务不以"放弃或贬低"国内劳工法或环境法作为吸引国外投资的诱因，而且应该"有效地执行"这类法律；新规定要求双方"重申和确认国际承诺"基于国际劳工组织的核心工作权利和未来多边上诉程序的可能性。[24]但是，即使最新的协议模板也没有明确针对工作场所界限之外的工商业人权问题的表述。

与之相应，东道国协议——政府与公司开始特定项目时确立的合同也应该进行变革。这些合同通常不会公示，在我看过的保密合同中，大约有90%表现出东道国对有可能引起严重人权风险的很多项目几乎没有认知。因此，他们几乎没有应对一旦发生风险的相关管理规定。最重要的是，合同没有描述当情况恶化时政府和公司各自的职能和义务。这对人民或公司都极为不利，因为这将导致危急时刻缺乏导向、局面混乱，特别是如果公司要求军事单位不受社会政策控制而出面镇压大范围的示威游行。另外，即使政府不像公司那样受制于社会压力，如果事前没有进行清晰的职能分工说明，公司迫于压力去提供本来公司无须配备但公众又迫切需要的产品和服务，那么一旦公司离开，公众也就无法接受，这种分工混乱也会削弱对政府履行自身职能的动力。

另外，与双边投资协议并行，很多企业坚持制定一些稳定化管理的规定包括在投资商与国家合同中，不适当地限制政府，即使政府只是出于公众利益基础或非歧视因素的善意行为。在决定稳定化规定范围时，双方相关的谈判能力差距会带来相应的财务风险——甚至不论稳定化规定是否在合同内标明。仅就双边投资协定来说，政府必须建立一个精确的无歧视管理框架，无惧被国外投资者告上法庭。

最后，采掘业所面临的主要问题之一始终是社区人群的人身伤害——包括他们的安保提供商一手造成的伤亡事故。因此，当这类公司在非常困难的环境中营业时，有一件事极为重要，就是投资商—国家合同中必须更为明确提及公众与私人安保提供商必须遵从的国际人权标准。这可以用某种形式操作，例如，将《安全与人权自愿原则》并入合同规定——确定国家与公司双方的责任，以确保对安保提供商进行充分的审查和培训，以及在发生变故时如实汇报。

国际社会中并不存在这样一个中心点，由此出发可以一举驱动所有改变。在政治竞争的压力下，在国家资本和双边谈判中，新一代双边投资协定已经初具雏形。而投资商—国家合同产生于个体的政府机构、公司和来自全世界律师事务所，我们有必要继续倡议和支持他们采用一种更平衡的方式去制定双边投资合同。联合国机构应该为那些缺乏能力的政府提供更多的谈判培训和能力建设，我们还应该提升对律师事务所的关注，通过美国和国际律师协会敦促他们推广促进《指导原则》的落实——工商企业有其尊重人权的责任。[25]我任务的后继进程提供了这样一个国际与地区的舞台，进一步扩展国际投资协议方面的人权认知。

公司法

现代公司法的真正基础建立于公司所有者（股东）与公司自身之间的法律分割原则和相关的限制义务原则之上，因此股东所担负的财务义务仅限于其股份所有权价值的范围内。创立联合股份公司的模式是仅当个人——"自然人"——是公司的所有者时，来自所有者的资本形式更有利于投资目的。现在，这个模式已经进一步延展适用于拥有子公司、联合投资、承包商和其他形式附属机构的跨国企业集团，在全世界多达 200 个国家和地区，即使母公司是其唯一股东，每个附属机构都合法成为分隔独立的实体。这引起了一个工商业与人权的根本问题：我们怎样从跨国公司整个企业集团得到尊重人权的责任承诺，而不是将其分割为各种各样的组成单位？[26]

联合国人权小组委员会尝试《准则》并给跨国企业施加约束，这个任务先于我的任务，希望找到破解问题的银子弹。但该《准则》最终被证明只是个哑弹。法律学者拉里·卡塔·巴克尔一直就这一主题进行了大量的写作，他谈道：将《准则》国际化和采用企业义务模式是决定相关公司集团义务范围的基础，这种方法以很简单的方式消除对全球化最大的不满，将拥有巨大的相互交织网络却彼此司法独立的公司组成为一个巨大的经济实体。当然，这个问题是很多国家的国内法问题，是企业的独立法人资格问题。很多国家制定了强有力的公共政策使集团公司更便于合法独立。[27]

的确，我对公司法和人权关系的调查涉及全世界 39 个独立司法辖区，调查显示所有地区都存在某种形式的法律分割和义务限定。不同的司法辖区也有些区别，但很少具备域外效力。2008 年金融行业崩盘，它在房地产领域产生的连带效应使很多国家开始考虑进行公司法和证券法及相关政策的改革。但是，放弃现代公司法的基本信条肯定不在议事日程上，要处理法律分割和义务限定给全球工商业与人权背景施加的限制仍然是更复杂的事情。

基于企业尊重人权的责任这一支柱，我不打算建立一个全球企业法律义务模板。那可能会是一个纯理论的尝试。我的目标是制定实用的方针，利用企业的风险管理系统整合人权关注。跨国企业通常会评估和确认全企业范围内的风险，也包括地方运营单位面对的风险。而且，他们进行评估和确认时，通常是进行全集团和全部门的总计而不是分别计算风险。独立法人资格很少跟企业风险管理联系起来。但是，现在尚无关于管理负面人权影响风险的权威指导，仅有人权尽责的概念和内容要素对此提供引导。修改公司法的努力正在进行之中，这将有助于建立《指导原则》的基础。[28] 对此，我推荐两个普遍适用的方法，一是与企业治理的内部层面联系起来，二是与企业外部层面联系起来。

我们从试点项目中学习总结到，将人权尽责系统与结果信息流程进行整合对企业来说是个复杂的挑战，尤其是对分布范围广阔的大型公司而言。这样我们面临另一个问题，对人权影响进行评估的个人与团队往往与实施和监督产生负面影响的行为和关系的个人与团队所处的位置并不相同。因此，那些评估者无法直接控制能够提供"防止、缓解或补救影响"的决定和行为。而且，企业能否迅速而又便捷地回应潜在人权影响决定了企业能否有效管理相关风险。因此，企业需要通过适宜的业务层次和功能建立完整的责任联结链，通过预算分配体系及结构强化责任链。在所有利用公司法与相关政策支持这一整合的方式中，"企业文化"这个概念最为合适——在这种情况下，确立公司尊重人权的文化，在国内法中有先例可以证明这一点。例如，澳大利亚刑法规定，当公司的企业文化指导、激励、纵容或导致不遵守相关规定时，公司将被追究法律责任。但如果公司有适当有效的监督管理系统，则不法行为只能由个人承担。[29]美国《联邦量刑指南》要求法庭在评估刑事处罚时应考虑公司是否具备"组织文化鼓励合乎道德的行为和遵守法律的承诺"。[30]公司法和证券法中应该设有类似规定，激励公司去形成更为整合的企业文化，直接导向道德行为，有利于公司以更一致的方式去尊重人权。

公司法和相关政策的另一项可以强化和建设《指导原则》的改进方式涉及公司董事会。《指导原则》规定：当公司进行人权影响评估时，公司应该与利益攸关者进行有价值的磋商，评估缓解措施的效果，建立和执行申诉机制。这些规定应该在公司法规定中得以加强，明确允许公司董事履行他们的公司信托责任，考虑经营行为对其他利益攸关者和整个社会的影响。这样能鼓励董事会建立更广泛的公司监管程序去管理社会风险，包括人权风险，保护董事不受其他利益攸关者认为他们为短期利益最大化而严重违背公司职责的投诉。正如在前几章中提到的，有几个司法辖区存在这样的例证。在美国，董事应该基于所谓的经营判断规则谨慎决定企业最佳利益，但这一范围没有明确限定。一个重要的跟进步骤是明确规定将公司的社会影响与董事对公司的责任联系起来进行考量。这个步骤以不同方式被命名为"开明股东"或"开明管理"方法，允许"将利益攸关者的利益看成是与长期股东利益广泛一致的，不必冒违背责任的法律义务风险。"[31]

与投资协议情况相同，公司法和相关政策的改革主要属于国家内政——当然，在欧盟属于地区事务。因此，我们可以从人权平台借鉴类似的研究、能力建设和倡议，有助于推进这个议程。另外，在进行这一领域的改革形式讨论时应该特别保证机构投资人的优先权，因为他们的信托责任可以确保长期可持续利益。

Ⅲ.　超越指导原则

以建立一个单一的大包大揽的国际法律框架解决所有工商业与人权问题为目标被我认定为是不切实际的原因，在本书中我已经用很多篇幅进行了解释。但与此同时，我又认为应该而且必将制定特殊的法律文书以确认部分工商业与人权的特定范围。我当然知道自己确定的战略判断——如果提议将某种新国际法准则作为《指导原则》的一部分，可能会给《指导原则》作为整体获得通过带来风险。尽管如此，在一篇给联合国全体成员国的独立短笺中，谈到我任务的后继步骤，我建议他们考虑草拟一份国际法律文书去确认一个特殊的挑战。它至今尚未开始，所以我在这里要重述此项提议，通过美国法庭近期的发展变化来论证为什么国际法律文书必不可缺。

2012 年 2 月 28 日，美国最高法院听取了柯欧贝诉荷兰皇家石油公司（壳牌）案的口头辩论，该诉讼基于《外国人侵权法令》（ATS）。这个案例近似于第一章中详述的威瓦诉壳牌案，只是涉及的原告不同。这些原告也指控壳牌协助并怂恿了尼日利亚军方在 20 世纪 90 年代前期进行极其恶劣的人权虐待，疯狂镇压"奥格尼人民生存行动"，其结果造成了包括酷刑、非法死刑、任意长期扣押和未经审问杀戮等系列化行动，构成了反人类罪。[32] 壳牌和原告同意像威瓦案一样处理。但是这次，美国第二巡回上诉法庭突然做出判决：《外国人侵权法令》不适用于作为法人的企业，只适用于自然人。其他巡回法庭得出了相反的结论，最高法院同意听取案情。《外国人侵权法令》制定于 1789 年，只是简单地说"（联邦）地区法院对外国人实施的违反国际（习惯）法或美国缔结条约的行为享有民事初审管辖权。"[33] 它的原初意图是针对违反国际惯例法的行为建立联邦审判权，处理民事赔偿，比如海盗行为、虐待大使和危害安全的行为。这一法案长期休眠，直到人权律师在 20 世纪 80 年代发现它可以作为外国原告在美国联邦法院对任何国籍的个体提起民事诉讼的工具，只要被告在美国出现，且在国外施行了某些极其恶劣的人权虐待。十年之后，这类起诉指向了企业。

最高法院在柯欧贝案中所面对的问题是《外国人侵权法令》是否适用于公司。[34] 这一论点的争执联系到一个晦涩但非常基础的论点：禁止极端恶劣的人权伤害这一国际法准则是否需要国家具体延展至特定类型的参与者，比如企业？人权律师界的"老斗士"保罗·霍夫曼提出了原告方的论点，国际法经常止步于谴责行为而不明确说明禁止规定适用的实施行动者，将问题留给个体的国家司法权去决定。根据这一个观点，诉诸国际法看来只能决定被指控违反了国际法准则的某项内容，但在这一案例中，美国联邦通用法律规定了追究公司责任的适当基础。壳牌一方的法庭辩护由凯瑟琳·苏利文完成，她是斯坦福法学院前院长，一位极受尊重的宪法律师。她的观点是《外国人侵权法令》要求国际法不仅谴责行为而且明确说明可以被追究侵害责任的行为人。她声称没有国际法"要求企业去为涉嫌人权违法的行为负责"，只有自然人。在她口头辩论的过程中，苏利文曲解了我曾在一份联合国正式报告中调查该主题时所得出的结论，并利用它支持壳牌立场：没有基于国际法的公司义务。[35]

相当数量的审判看来不支持霍夫曼的论点。在哪种行为人可以承担被国际法禁止的行为责任方面，如果国际法保持沉默，就诉诸关注国内法的治理责任——尽管有少数审判以这种方式判断，如奥巴马政府提出了一个非当事人意见陈述支持原告。[36]在任何事件中，持怀疑态度的法官很快转向更广泛的治外法权问题。霍夫曼刚说完他口头辩论的第二句就被安东尼·M. 肯尼迪法官打断。他引用了由若干家美国公司提交的非当事人意见陈述当中支持壳牌的语言，并质疑道："全球是否有任何其他司法权'允许其法庭行使全球通用的民事司法权，审理域外嫌疑人权虐待，并且案件与该国没有联系'？"法官塞缪尔·A. 阿里托补充"所呈事件与美国没有特别的联系……这一案例与美国法庭到底有什么相干?"主审法官约翰·G. 罗伯茨将疑问点推进到问题的局限:"如果没有其他国家可以提起这一诉讼,不论美国国内法律如何规定,我们是否可以认为这一起诉自身违反了国际法?"[37]

但治外法权不是法庭要面对的问题,企业责任才是。治外法权很难简单说清。这样,听证会之后不久,法庭发布一个命令,要求各方在 2012 ~ 2013 年的有效期内对该案进行再辩论,就下列问题添加补充简报:"《外国人侵权法令》基于何种环境以及是否允许法庭确认违反国际法律行为的原因,且该违法行为发生在美国之外的主权领土上。"我抓住这一机会向法庭递交了一份非当事人意见陈述,将联合国任务的调查结果——基于国际法以及治外法权的企业义务直接上陈:如果上升至国际刑事犯罪层次,国内法庭可以追究企业侵害人权的责任;如果具有公认的司法辖区基础,这些国家通常不被要求,也不被禁止对定居其领土或司法范围的企业行使治外法权。[38]壳牌反驳治外法权的补充简报更是离谱。这份简报中的内容不仅包括寻求解除索赔,还试图否定整个法律基础,抹杀了美国法庭可以作为一个判定国外所有人权伤害民事责任的有效论坛的可能性,即使伤害可能由美国人造成,而且美国人是自然人。壳牌声称《外国人侵权法令》不适用于公司,包括美国公司;正如壳牌当前的立场,他们认为《外国人侵权法令》违背了国际法,因为它对其他司法辖区进行了裁决;因而,即使针对自然人,它的范围也应该撤回到仅仅针对犯罪行为发生在美国司法范围内或可能的公海的覆盖区域。[39]如果这些论点盛行,《外国人侵权法令》

的意义将荡然无存，人权虐待的许多受害者，从缅甸农民到大屠杀幸存者将失去一个获取司法补救的重要工具。这促使我将诸多关于企业社会责任和企业诉讼之间的关系的关键问题发布在了互联网上，以下为相关内容。

> 在柯欧贝一案中，企业将担负什么尊重人权的责任？当一家企业宣称及渴望社会责任行为它将意味着什么？我与壳牌的职业接触建议他们建立这样的承诺并严格执行。当然，企业在法庭和任何地方都必须能够自由地辩论，如果他们确信自己已履行了法律义务，也已履行了更广泛的尊重人权的责任。但问题仍然存在，企业尊重人权的责任是否应该保持与诉讼战略和战术的完全割裂，尤其是在企业可以选择保护自己的依据时？为纠正所有的人权伤害，诉讼战略的目标是否应该指向破坏整体的司法结构，尤其是存在其他法律依据保护公司利益的情况下？或者，社会责任行为的承诺是否还要包括企业有义务指示他的律师尽可能避免影响严重的结果？同样，公司法律代表的责任是什么？是否应该包括为客户提议诉讼战略和战术可能带来的全部风险，也包括要对客户的承诺、客户的名誉和客户对更大范围的第三方的附带损害保持关注？
>
> 我不知道这些问题正确的答案，但是因为相关利益如此重大，柯欧贝案可能正是启动对话的理想案例。[40]

截至我书写本书的时候，还没有可信的案情结果分析。

全世界的人权诉讼当事人和企业律师密切关注着美国最高法院在明确扩大企业权利之后，怎样规范企业责任。这能有效地彻底结束《外国人侵权法令》的法理学争论。它可以决定法案不适用于企业，却在指控企业个体管理者时保有可利用性，正如第二巡回上诉法庭所裁决的那样。另外，最高法院可能会限制而不会取消《外国人侵权法令》的治外法权申请，要求被告（包括企业）与美国有更密切的关系——正如我们曾经看到的，在一切其他地区的法律中，国籍成为建立司法的基础。对工商业与人权来说，这似乎意味着一个短期的损失，也可能产生更长期的利益。下面我来解释一下。

《外国人侵权法令》成为驱动全球工商业与人权议程的显著因素。在柯欧贝一案中，原告基于这一法案起诉了总部在其他国家的公司以及美国公司。而且《外国人侵权法令》的影响好像远远超越了严格的法律范畴。它更大程度上强化了这一需求，即所有地方的企业都应发展有效的系统，去管理他们业务往来关涉的商业关系所造成的实在和潜在的人权负面影响。这一特别驱动因素的地理范围会随着《外国人侵权法令》的适用范围被限制在美国公民而有所缩减。

与此同时，在任务推进过程中，我在好几个场合表达了我的关注。世界法庭中大量起诉跨国公司在国外卷入人权侵害的案例竟然取决于如此怪诞（而且正如最高法院听证会所展示的，如此缺乏理解）的某个单一国家的法规。没有其他国家有类似法规。一直以来它都如此脆弱，在工商界的反复敦促下，它濒临被国会取消的命运；即便它被置于考虑范围之内，也遭受被最高法院严格控制甚至扫地出门的境遇。而且，因为《外国人侵权法令》受制于诸多程序障碍，这些案例耗资巨大，尤其对发展中国家的原告来说。另外，吸引我注意的是，即使在人权方面进步的国家，例如加拿大、荷兰和英国也只是进行了很有限的努力，利用他们的国内司法权要求本国的跨国公司对发生在国外的侵害承担责任。这就引申出一个我思考已久的问题：《外国人侵权法令》扩张司法权的规定，围绕非美国企业的国外行为，是否使得这些政府更容易抵抗国内政治压力去采取更强有力的措施；而同时，在《外国人侵权法令》相关案例涉及这些政府所辖的企业时，政府获得机会进行非当事人意见陈述，可以借此反对美国法庭对案例事实的裁决。这样一来，政府就可以左右逢源。最高法院要求被告企业有更密切的国籍关联，可能会改变这种政治动态。

一些美国公司和工商业协会如美国商会也许反对裁决要求更密切的国籍联系，在与来自世界任何地方的对手竞争时，这都可能将美国工商业置于竞争的不利位置。在所有事件中，相关领域有一个美国法律先例提供了这样的特赦，而且讲述了一个很有趣的故事。[41] 1977 年，美国国会通过《反海外腐败法》（FCPA），将美国公民和公司在其他国家行贿该国官员视为刑事犯罪。美国工商界试图取消 FCPA 但没有成功。后来，企业与工商业协会逐渐开始倡议通过一个多边公约，创造一个公平的竞争环境。随着时间推移，1997 年经合组织通过了《在国际商业中反对行贿外国公职人员公约》，而联合国在 2003 年随后通过了《联合国反腐败公约》。因为不是所有国家都认可公司的刑事责任，这个公约也规定了可类比的非刑事制裁。

在我的联合国任务即将结束之际，政府邀请我就哪种后继进程更为优先的问题做出建议。2011年2月，在最高法院柯欧贝听证会之前一年，我向联合国所有成员国递交了一份备忘录，并将它发布在我的网站上。备忘录主要概括了两组问题：一是"嵌入《指导原则》"——聚焦于传播、实施和能力建设，这正是继任我任务的联合国工作组的任务；二是我称其为"澄清相关国际法律标准"[42]。报告更清晰的内容如下：国家司法对于"禁止工商企业人权侵害（有可能升级为国际犯罪）"的国际标准适用范围的解释存在重大分歧。这通常发生于人权体系尚不能发挥正常功能的地区，例如武装冲突或其他高风险地区……受害者和工商企业一样都需要得到更准确合法的澄清。

要解决这一有分歧解释的问题，我的建议方法是以《联合国反腐败公约》为模板建立一个国际法律文书。

> 当工商企业造成或加剧这类虐待时，任何此类努力都应有助于澄清标准，予以适当的调查、惩罚和纠正，以及设立有效、均衡和劝阻的制裁。此类努力还应确认司法权延伸至国外的适当时机以及实施这类司法权的可接受基础。

联合国工作组继承了我的任务，授权去"在国家、洲际及国际层面做出建议，对人权遭受企业行为影响的个人和社区，包括冲突地区，增加可利用的有效补救通道"[43]。在我看来，不管美国最高法院怎样判决柯欧贝案，都建议政府斟酌磋商出一个慎重精确的法律文书，明确在国际法所禁止的最恶劣人权虐待中，法人是主要嫌疑人时应采取哪些步骤。国际社会不再将尊重国家主权作为法律盾牌，任由这类虐待在这个盾牌后发生，同样情况也适用于企业。

Ⅳ. 结论

工商业是投资和增加就业的首要资源，市场是分配稀缺资源更高效的工具。他们组成强大力量推动经济增长，减少了贫穷，并增加对法律规则的需求，因此加速了更广泛人权的实现。但是市场只有嵌入广泛的社会和法律规范、规定和制度实践中才能实现最佳运转。唯有如此，市场才能得以生存和发展，社会才能管理市场动向中的不利影响，提供市场供给不足的公共产品。的确，历史教育我们：市场会给社会和工商业自身构成的最大风险是当它们的范围和能力远超允许它们运转顺利、确保它们政策可持续的制度支持和掌控之时。此种情况下，怎样调整人权体系对个人和社区提供更有效的保护，使他们远离企业相关的人权伤害，是我们这个时代的核心治理挑战之一。

跨国企业进行全球运营，而政权却仍然分裂并依托于国家领土分界。国际组织不能充分补偿治理漏洞所造成的后果，一方面因为他们同样缺乏对市场、公司和民间社会活动者的全球掌控，另一方面这些因素仍然受到国家领土的紧紧限制。于是，任何答案的要素必须包括国家和企业，还要考虑利益和能力、市场参与者的约定、民间社团的参与，以及人权理念自身的内在力量。《联合国工商业与人权指导原则》一方面表达了这个"多中心"方式处理工商业与人权治理漏洞的潜力，另一方面又构成了一个规范平台和政策指导体系，推动它成为国家、企业或其他社会参与者的政策。我的任务结束于2011年6月16日，这也是联合国人权理事会通过《指导原则》的日子。其他国家或国际标准设定组织也采用了《指导原则》的核心要素，而且每一种原则标准都依照各地的实施进程开展，这些都给良性转变的发生和拓展增加了希望。同样重要的是，那些无时无刻都受到人权问题影响的个体、社区、企业、民间社会组织和政府也开始理解《指导原则》。在这个总结章节中，我建议在某些案例中建立其他步骤来引领我们超越《指导原则》。在我开始这个任务之旅时，我的工作设想是这个联合国任务能产生明显的动力，为企业相关的人权伤害提供更大保护措施，为社会意义上的可持续性全球化而努力。我不能预见这些结果在未来能实现什么变革，但在人权理事会通过决议的一年之后回望，实现设想的可能性远超我的想象，也更为切实。

注　释

1. "Draft Report of the Secretary – General on How the United Nations System as a Whole Can Contribute to the Advancement of the Business and Human Rights Agenda and the Dissemination and Implementation

of the Guiding Principles，" p. 3.

2. http：//www. ohchr. org/EN/Issues/Business/Pages/WGHRandtran-snationalcorporationsandotherbusiness. aspx.

3. "Draft Report of the Secretary – General".

4. http：//ec. europa. eu/enterprise/newsroom/cf/itemdetail. cfm? item _ id = 5752&lang = en.

5. OECD，"Draft Terms of Reference for Future Work on Due Diligence in the Financial Sector，" Note by the Chair of the Working Party of the Investment Committee，DAF/INV/WP/RD（2012）1.

6. "Agreement Between Nidera Holdings B. V. and CEDHA，SOMO，Oxfam Novib，and INCASUR，http：//wp. cedha. net/wp-content/uploads/2012/03/CEDHA-et-al-vs-Nidera-joint-public-agreement-251 12011. pdf.

7. OECD，"Implementation of the 2011 Update of the OECD Guide-lines for Multinational Enterprises，" Note by the Chair of the Working Party of the Investment Committee，DAF/INV/WP（2012）4.

8. 基于 2012 年 3 月对参与者的采访。

9. http：//www. iqnet – certification. com/.

10. http：//www. mazars. co. uk/Home/News/Latest – news/Survey – Results – Mining – companies – UN – Human – Rights.

11. http：//www. rightscon. org/2011/10/silicon-valley-human-rights-standards/.

12. International Organizationof Employers，"Guiding Principles on Business and Human Rights：Employers' Guide，" http：//bclc. uscha mber. com/article/employers-guide-un-guiding-principles-business-an

d-human-rights.

13. International Trade Union Confederation，"The United Nations 'Protect，Respect，Remedy' Framework for Business and Human Rights and the United Nations Guiding Principles for Business and Human Rights：Briefing Note for Trade Unionists，" http：//www. ituc-csi. org/IMG/pdf/12-04-12_ ruggie_ briefing_ note. pdf.

14. *Report of the Working Group on the Issue of Human Rights and Transnational Corporations and Other Business Enterprises*，UN DocumentA/HRC/20/29（April 10，2012）.

15. 分别见于：http：www. unicef. org. uk/Documents/Publications/PRINCIPLES _ 23% 2002% 2012 _ FINAL. pdf；http：//www. coc － psp. org/uploads/INTERNATIONAL_ CODE_ OF_ CONDUCT_ FINAL_ without_ Company_ Names. pdf。

16. http：//www. unglobalcompact. org/docs/issues_ doc/human_ rights/Resources/GPs_ GC%20note. pdf.

17. http：//www. consilium. europa. eu/uedocs/cms_ data/docs/pressdata/EN/foraff/129739. pdf.

18. http：//www. state. gov/secretary/rm/2012/05/190260. htm.

19. J. E. Alvarez，"The Evolving BIT，" *Transnational Dispute Management*（June2009）.

20. Jürgen Kurtz，"The Use and Abuse of WTO Law in Investor － State Arbitration：Competition and Its Discontents，" *European Journal of International Law* 20 no. 3（2009）.

21. 托马斯·瓦尔德致作者的信，2008 年 3 月 21 日。标题：投资争端中国际人权条约的可诉性—相关性—适用性。来源于作者存档。这封信也公示于 OGEMID（石油天然气能源基础设施与投资争端）的网上讨论组，由瓦尔德教授控制，所以它并未被视为私人信件。

22. 最后一个观点见 Dani Rodrik, The Globalization Paradox（New York：W. W. Norton, 2011）。

23. "Comments on the Model for Future Investment Agreements（English Translation），" December19, 2007（copy on file with the author），p. 27.

24. http：//www. state. gov/r/pa/prs/ps/2012/04/188199. htm. 合同模本全文见于 http：//www. state. gov/e/eb/ifd/bit/ index. htm。

25. See Advocates for International Development, "LawFirms' Implementation of the Guiding Principleson Businessand Human Rights," 见于 http：//www. shiftproject. org/publication/law-firms-implement ation-guiding-principles-business-and-human-rights。

26. 雾化假设推动了 Radu Mares 的分析, "Responsibility to Respect：Why the Core Company Should Act When Affiliates Infringe Human Rights," 见书 The UN Guiding Principles on Business and Human Rights：Foundations and Implementation（Leiden：Martinus Nijhof, 2011）。

27. Larry Catá Backer, "Multinational Corporations, Transnational Law：The United Nations' Normson the Responsibilities of Transnational Corporations as a Harbinger of Corporate Social Responsibility in International Law," Columbia Human Rights Review37, no. 2 （2005），pp. 169-70.

28. Peter Muchlinski 探讨了《指导原则》对公司法长期影响的趋势。发表在 2012 年 1 月 Journal of Business Ethics 杂志，"Imple-

menting the New UN Corporate Human Rights Framework：Implications for Corporate Law，Governance and Regulation”一文中。

29. Section 12. 3 of Australia's Criminal Code Act 1995；http：// www. comlaw. gov. au/Series/C2004A04868.

30. Chapter 8 of the U. S. 2006 *Federal Sentencing Guidelines Manual*，8C2. 5（b）（1）.

31. Muchlinksi，“Implementing.”

32. http：//www. americanbar. org/content/dam/aba / publications / supreme_ court_ preview/briefs/10 – 1491_ petitioner. authcheckdam. pdf.

33. 28 U. S. C. § 1350.

34. 听证会完整副本见于 http：//www. supremecourt. gov/oral. argum ents/argument_ transcripts/10 – 1491. pdf。

35. 在前面章节我曾讨论过，在 2007 年我提交了定位国际人权标准应用于企业的报告。我强调工商业与人权“最重要的法律发展”是“逐步扩展企业在国际犯罪中的责任，受国家司法监督，但与国际标准互动”。这就是苏利文在口头辩论中所说的：“我们引用联合国特别代表的话，‘我已经看到国际人权文书并不存在，并且我发现企业责任没有法理基础’，那里是联合国，并非国会。”严格地说这段声明是没有错误的，但永远无法从中了解我所用的术语“文书”是专指联合国人权条约，而并非包括整体相关国际法，并且我在其他领域的法律中找到了公司责任的法理基础。壳牌所写的诉书中包含同样要求。（来自苏利文的声明，见于“Transcript of Oral Argument”第 49 页，http：//www. supremecourt. gov/oral _ arguments/argument _ transcripts/10 – 1491. pdf）。

36. *Kiobel v. Royal Dutch Petroleum*, No. 10 – 1491 （U. S. Supreme Court）, "Brief for the United Sates as Amicus Curiae Supporting Petitioners," December2011.

37. See "Transcript of Oral Argument".

38. *Kiobel v. Royal Dutch Petroleum*, No. 10 – 1491 （U. S. Supreme Court）, "Brief *Amici Curiae* of Former UN Special Representative for Business and Human Rights, Professor John Ruggie; Professor Philip Alston; and the Global Justice Clinic at NYU School of Law in Support of Neither Party," June 12, 2012.

39. *Kiobel v. Royal Dutch Petroleum*, No. 10 – 1491 （U. S. Supreme Court）, "Supplemental Brief for Respondents," August 1, 2012.

40. "Kiobel and Corporate Social Responsibility," Issues Brief, Harvard Kennedy School of Government, September 4, 2012, 见于 http：// www. business-humanrights. org/media/documents/ruggie-kiobel-and-corp-social-resonsibility-sep-2012. pdf。

41. Kenneth W. Abbott 和 Duncan Snidal 生动地讲述了这个故事，见 2002 年 1 月出版的 *Journal of Legal Studies* 的第 31 期，"Values and Interests: International Legalization in the Fight Against Corruption" 一文。

42. http：//harvard　humanrights. files. wordpress. com/2011/02/mandate-follow-up-final. pdf.

43. A/HRC/RES/17/4, paragraph6 （e）.

INDEX

Page numbers in *italics* refer to figures and tables.

（页码为原书页码）

图书在版编目（CIP）数据

正义商业：跨国企业的全球化经营与人权／（美）鲁格（Ruggie，J. G.）著．刘力纬，孙捷译．—北京：社会科学文献出版社，2015.9

ISBN 978 - 7 - 5097 - 7372 - 7

Ⅰ.①正…　Ⅱ.①鲁…②刘…③孙…　Ⅲ.①跨国公司 - 企业责任 - 社会责任 - 研究 - 世界　Ⅳ.①F276.7

中国版本图书馆 CIP 数据核字（2015）第 076227 号

正义商业

——跨国企业的全球化经营与人权

著　　者／约翰·鲁格
译　　者／刘力纬　孙　捷

出 版 人／谢寿光
项目统筹／童根兴　郑　嬅
责任编辑／孙　瑜　刘德顺

出　　版／社会科学文献出版社·社会政法分社（010）59367156
　　　　　　地址：北京市北三环中路甲 29 号院华龙大厦　邮编：100029
　　　　　　网址：www. ssap. com. cn
发　　行／市场营销中心（010）59367081　59367090
　　　　　　读者服务中心（010）59367028
印　　装／北京季蜂印刷有限公司

规　　格／开本：889mm×1194mm　1/32
　　　　　　印 张：8.875　字 数：184 千字
版　　次／2015 年 9 月第 1 版　2015 年 9 月第 1 次印刷
书　　号／ISBN 978 - 7 - 5097 - 7372 - 7
著作权合同
登 记 号／图字 01 - 2014 - 5205 号
定　　价／69.00 元